铁路工程施工安全与案例分析丛书

铁路工程建设安全生产管理

黄守刚　主编

中国铁道出版社

2011年·北京

内容简介

本书以铁路工程特点为出发点，结合铁路工程建设中的典型案例，全面介绍了国家和铁道部安全生产的方针、政策、法律和法规。

本丛书不仅适合于铁路工程管理与技术人员、安全专职人员参考阅读，也适合于广大铁路工人自学。

图书在版编目(CIP)数据

铁路工程建设安全生产管理/黄守刚主编.
—北京：中国铁道出版社，2011.7
(铁路工程施工安全与案例分析丛书)
ISBN 978-7-113-13029-9

Ⅰ.①铁…　Ⅱ.①黄…　Ⅲ.①铁路工程—工程施工—安全技术　Ⅳ.①U215.8

中国版本图书馆 CIP 数据核字(2011)第 105205 号

书　　名：铁路工程施工安全与案例分析丛书
铁路工程建设安全生产管理
作　　者：黄守刚　主编

责任编辑：徐　艳　江新照　　**电话**：010-51873193
封面设计：崔丽芳
责任校对：张玉华
责任印制：李　佳

出版发行：中国铁道出版社(100054，北京市宣武区右安门西街 8 号)
网　　址：http://www.tdpress.com
印　　刷：三河兴达印务有限公司
版　　次：2011 年 7 月第 1 版　2011 年 7 月第 1 次印刷
开　　本：787 mm×1 092 mm　1/16　印张：9　字数：216 千
书　　号：ISBN 978-7-113-13029-9
定　　价：23.00 元

编写委员会

主　编：黄守刚（石家庄铁道大学）

副主编：秦　凯（中铁十三局集团）　梁爱国（中铁十九局集团）

张金柱（中铁十二局集团）　康拥政（石家庄铁道大学）

委　员：邓汉权（中铁二十五局集团）　郭法生（中铁四局集团）

高俊青（中铁二十一局集团）　李培安（中铁二十局集团）

徐宝域（中铁二十四局集团）　张云峰（中铁四局集团）

曹万玲（中铁二十局集团）　谢安荣（中铁二十五局集团）

廖柳红（中铁二十五局柳州公司）　夏润禾（中交第二公路工程局有限公司）

刘　斌（中铁十一局集团）　黄基富（中铁八局集团）

李占先（中铁十四局集团公司）　王四虎（中铁十五局六公司）

亢新华（中铁一局集团）　严少发（中交隧道工程局有限公司）

杨先权（中铁大桥局集团）　王维新（中铁十八局集团）

潘建华（中铁二十二局集团）　王立广（中交隧道工程局有限公司）

黄旭升（中铁十八局集团）　王善高（中交隧道工程局有限公司）

吴景龙（石家庄铁道大学）　李永华（河北交通职业技术学院）

李艳菊（河北省住房与城乡建设厅执业资格注册中心）

前言

随着国家大规模铁路建设的展开，铁路建设投资大幅增加，施工任务重，工期紧，存在大量高处、野外、深水作业，流动性大，机械调动频繁，新工人比例高、安全意识相对较差，再加之新技术新标准的大量采用，因此铁路建设安全风险比以往更高，铁路建设安全管理任务艰巨。为适应当前的铁路建设安全形势，我们编写了铁路工程施工安全与案例分析丛书。

本丛书包括9个分册，涵盖桥涵、隧道、轨道、路基、营业线、地铁、施工机械作业、铁路工程建设安全生产管理及施工现场事故防范与处理。该系列丛书以现行铁路工程各专业施工安全技术规程为指导思想，结合铁路建设安全知识需求的实际情况，通过400余个安全案例，深入浅出地阐述了铁路工程（含地铁）各专业的施工安全管理、技术和措施的一些基本知识。各分册均配备了大量的插图，将安全知识化繁为简，书籍可读性强，使读者能快速直观掌握铁路工程施工安全基本知识，增强施工安全意识，提高安全施工技术水平。

本丛书在编写和审定过程中，奋斗在铁路建设一线的专业技术人员提出了很多宝贵意见，提供了大量的素材，在此一并表示感谢。由于作者水平有限，且时间仓促，书中难免有不足之处，敬请读者指正并提出宝贵意见。

编者

2011年6月

目　录

第一章 铁路工程施工安全管理

第一节 铁路建设的特点及安全形势

一、铁路建设的特点

铁路建设具有如下特点：

(1)铁路这个产品是固定的，但是铁路的勘察设计人员、施工人员、监理人员等是流动的；

(2)建设规模大，建设周期长，机械化程度低，大量手工操作；

(3)无固定场所，流动性大，机械调动频繁；

(4)存在大量高处作业、野外作业、坑沟、槽内作业和洞内凿岩作业；

(5)施工现场条件艰苦、劳动强度大、收入偏低，一线施工使用工程当地或落后地区农民临时工、合同工多；

(6)临时设施多，职业卫生条件差；

(7)流动频繁，熟练技工减少，新工人比例过高；

(8)工人多数文化程度较低，安全意识较差。

上述特点决定了铁路建设具有高风险行业的性质。

二、铁路建设安全形势

近几年来，随着国家大规模铁路建设的展开，铁路建设工程领域势必也会成为涉铁安全事故易发多发的重点部位。另外，铁路建设投资大幅度增加，任务重，工期紧，新技术、新标准大量采用，建设队伍规模急剧扩张，水平参差不齐，铁路建设安全管理任务艰巨。

【案例】 宁波至温州的甬台温铁路建设工程在短短的一年多时间里发生四起事故，共造成13人死亡、4人重伤、17人轻伤。

【案例】 某施工单位，承建的一处在建桥墩突然倒塌(图1-1)，事故造成1人死亡，5人受伤。

图1-1 在建桥墩倒塌

第二节　现代安全管理理论

安全管理随着安全科学技术和管理科学的发展而发展,安全系统工程原理和方法的出现,使安全管理的原理、内容和方法都有了很大的拓展。安全管理的主要内容是为贯彻执行国家安全生产的方针、政策、法律和法规,确保生产过程中的安全而采取的一系列组织措施。安全管理的任务是发现、分析和消除生产过程中的各种危险,防止发生事故和职业病,避免各种损失,保障员工的安全健康,从而推动企业生产的顺利发展。

安全管理是企业管理的重要组成部分。安全管理原理是从管理的共性出发,对安全管理工作的实质内容进行科学地分析、综合、抽象与概括所得出的安全管理规律。安全管理原则也称为二级安全管理原理,是在安全管理原理的基础上,指导安全管理活动的通用规则。一般来说,原理更基本,更具普遍性;原则更具体,对行动更具有指导性。

安全管理原理包括系统原理、人本原理、预防原理和强制原理。

一、系统原理

(一)系统原理的含义

系统原理是现代管理学的一个最基本原理,是指人们在管理工作中,运用系统论的观点、理论和方法,对管理活动进行充分的系统分析,以达到管理的优化目标,即用系统论的原理和方法来认识和处理管理中出现的问题。

系统是由相互作用和相互依赖的若干部分组合的,具有特定功能并处于一定环境中的有机整体。任何管理对象都可以看作一个系统,系统可以分为若干个子系统;子系统可以分为若干个要素,即系统是由要素组成的。按照系统论的观点,管理系统具有六个特征,即集合性、相关性、目的性、整体性、层次性和适应性。

安全生产管理系统是生产管理的一个子系统,它包括各级安全管理人员、安全防护设备与设施、安全管理规章制度、安全生产操作规范和规程以及安全生产管理信息等。安全贯穿生产活动的方方面面,安全生产管理是全方位、全天候和涉及全体人员的管理。

(二)系统原理的基本原则

1. 整分合原则

高效的现代安全管理必须在整体规划下明确分工,在分工的基础上有效地综合,这就是整分合原则。

整体规划就是在对系统进行深入、全面分析的基础上,把握系统的全貌及其运动规律,确定整体目标,制定规划与计划及各种具体规范。明确分工就是确定系统的构成,明确各个局部的功能,把整体的目标分解,确定各个局部的目标以及相应的责、权、利,使各局部都明确自己在整体中的地位和作用,从而为实现最佳的整体效应最大限度地发挥作用。有效综合就是对各个局部必须进行强有力地组织管理,在各纵向分工之间建立起紧密的横向联系,使各个局部协调配合,综合平衡地发展,从而保证最佳整体效应的圆满实现。

整体把握、科学分解、组织综合是整分合原则的主要含义。运用整分合原则,要求企业管理者在制定整体目标和宏观决策时,必须将安全生产纳入其中,资金、人员和体系都必须将安全生产作为一项重要内容考虑。

2. 反馈原则

反馈控制论和系统论的基本概念之一，是指控制过程中对控制机构的反作用。反馈普遍存在于各种系统之中，也是管理中的一种普遍现象，是管理系统达到预期目标的主要条件。由于负反馈是抵消外界因素的干扰，维持系统的稳定性，因此，为了使系统做合乎目的的运动，一般均采用负反馈。

成功的高效安全管理，离不开灵活、准确、快速的反馈。企业生产的内部条件和外部环境在不断变化，所以必须及时捕获、反馈各种安全生产信息，及时采取行动。

3. 封闭原则

任何一个管理系统的管理手段、管理过程等必须构成一个连续封闭的回路，才能形成有效的管理活动，这就是封闭原则。

封闭就是把管理手段、管理过程等加以分割，使各部分、各环节相对独立，各行其是，充分发挥自己的功能。但各部分又互相衔接，互相制约，并且首尾相连，形成一条封闭的管理链。对于企业管理，管理系统的组织结构体系必须是封闭的，管理法规的建立和实施也必须封闭。

在企业安全生产中，各管理机构之间、各种管理制度和方法之间，必须具有紧密的联系，形成相互制约的回路，才能有效。

4. 动态相关性原则

构成系统的各个要素是运动和发展的，而且是相互关联的，它们之间既相互联系又相互制约，这就是动态相关性原则。

该原则是指任何企业管理系统的正常运转，不仅要受到系统本身条件的限制和制约，还要受到其他有关系统的影响和制约，并随着时间、地点以及人们的努力程度不同而发生变化。企业管理系统内部各部分的动态相关性是管理系统向前发展的根本原因。所以，要提高安全管理的效果，必须掌握各个管理对象要素之间的动态相关特征，充分利用相关因素的作用。

二、人本原理

（一）人本原理的含义

在管理活动中必须把人的因素放在首位，体现以人为本的指导思想，这就是人本原理。以人为本有两层含义，其一是一切管理活动都是以人为本展开的，人既是管理的主体，又是管理的客体，每个人都处在一定的管理层面上。离开人，就无所谓管理。其二是管理活动中，作为管理对象的诸要素和管理系统各环节（组织机构、规章制度等），都是需要人去掌管、运作、推动和实施。因此，应该根据人的思想和行为规律，运用各种激励手段，充分发挥人的积极性和创造性，挖掘人的内在潜力。

（二）人本原理的基本原则

1. 能级原则

一个稳定而高效的管理系统必须是由若干分别具有不同能级的不同层次有规律地组合而成的，这就是能级原则。

现代管理认为，单位和个人都具有一定的能量，并且可按照能量的大小顺序排列，形成管理的能级。能级原则确定了系统建立组织结构和安排使用人才的原则。稳定的管理能级结构一般分为四个层次，即经营决策层、管理层、执行层、操作层。四个层次能级不同，使命各异，必须划分清楚，不可混淆。

在运用能级原则时应做到三点：一是能级的确定必须保证管理结构具有最大的稳定性；二是人才的配备必须对应，根据单位和个人能量的大小安排其工作，使人尽其才，各尽所能；三是责、权、利应做到能级对等，在赋予责任的同时授予权力和给予利益，才能使其能量得到相应能级的发挥。

2. 动力原则

推动管理活动的基本力量是人，管理必须有能够激发人工作能力的动力，这就是动力原则。

有三种基本动力，即物质动力、精神动力和信息动力。物质动力是以适当的物质利益刺激人的行为动机；精神动力是运用理想、信念、鼓励等精神力量刺激人的行为动机；信息动力则通过信息的获取与交流产生奋起直追或领先他人的动机。

动力原则的运用首先要注意综合协调地运用三种动力；其次要正确认识和处理个体动力与集体动力的辩证关系；第三要处理好暂时动力与持久动力之间的关系，最后则应掌握好各种刺激量的阈值。只有这样，管理才能产生良好的效果。

3. 激励原则

激励原则是以科学的手段激发人的内在潜力，使其充分发挥积极性、主动性和创造性。在管理中的激励就是利用某种外部诱因的刺激调动人的积极性和创造性。

人发挥其积极性的动力来源于内在动力、外部压力和工作吸引力。内在动力指人本身具有的奋斗精神；外部压力指外部施加于人的某种力量；工作吸引力指那些能够使人产生兴趣和爱好的某种力量。运用激励原则，要采用符合人的心理活动和行为活动规律的各种有效地激励措施和手段，并且要因人而异，科学合理地采用各种激励方法和激励强度，从而最大程度地发挥人的内在潜力。

三、预防原理

(一)预防原理的含义

安全管理工作应当以预防为主，即通过有效的管理和技术手段，减少和防止人的不安全行为和物的不安全状态出现，从而使事故发生的概率降到最低，这就是预防原理。

预防和善后是安全管理的两种工作方法。预防是在有可能发生意外人身伤害或健康损害的场合，采取事前的措施，防止伤害的发生；善后是针对事故发生以后所采取的措施而进行的处理工作。显然，预防的工作方法是主动的、积极的，是安全管理应该采取的主要方法。

安全管理以预防为主，其基本出发点源自生产过程中的事故是能够预防的观点。除了自然灾害以外，凡是由于人类自身的活动而造成的危害，总有其产生的因果关系，探索事故的原因，采取有效的对策，原则上说能够预防事故的发生。由于预防是事前的工作，因此正确性和有效性就十分重要。生产系统一般都是较复杂的系统，事故的发生既有物的方面的原因，又有人的方面的原因，事先很难估计全面。有时，重点预防的问题没有发生，但未被重视的问题却酿成大祸。为了使预防工作真正起到作用，一方面要重视经验的积累，对既成事故和大量的未遂事故进行统计分析，从中发现规律，做到有的放矢；另一方面要采用科学的安全分析、评价技术，对生产中的人和物的不安全因素及其后果作出准确的判断，从而实施有效的对策，预防事故的发生。

(二)预防原理的原则

1. 偶然损失原则

事故发生的后果(人员伤亡、健康损害、物质损失等)，以及后果的大小如何，都是随机的，是难以预测的。反复发生的同类事故，并不一定产生相同的后果，这就是事故损失的偶然性。

对于人身事故，美国学者海因里希（Heinrich）根据调查统计结果，得出了重伤（包括死亡）、轻伤和无伤害事件发生的概率之比为1∶29∶300，称为海因里希法则。也有的事故发生没有造成任何损失，这种事故被称为险肇事故。但若再次发生完全类似的事故，会造成多大的损失，只能由偶然性决定而无法预测。

根据事故损失的偶然性，可得到安全管理上的偶然损失原则：无论事故是否造成损失，为了防止事故损失的发生，唯一的办法是防止事故再次发生。这个原则强调，在安全管理实践中，一定要重视各类事故，包括险肇事故，只有连险肇事故都控制住，才能真正防止事故损失的发生。

2. 因果关系原则

因果关系是指事物之间存在着一事物是另一事物发生原因的关系。事故是许多因素互为因果连续发生的最终结果。一个因素是前一因素的结果，而又是后一因素的原因。事故的因果关系决定了事故发生的必然性，只是时间或迟或早而已，这就是因果关系原则。

掌握事故的因果关系，砍断事故因素的循环链，就消除了事故发生的必然性，就可能防止事故的发生。事故的必然性中包含着规律性。必然性来自于因果关系，深入调查、了解事故因素的因果关系，就可以发现事故发生的客观规律，从而为防止事故发生提供依据。

从事故的因果关系中认识必然性，发现事故发生的规律性，变不安全条件为安全条件，把事故消灭在早期起因阶段，这就是因果关系原则的应用。

3. 3E原则

造成人的不安全行为和物的不安全状态的主要原因可归纳为技术原因、教育原因、身体和态度的原因、管理的原因等四个方面。针对这四个方面的原因，可以采取三种防止对策，即工程技术（Engineering）对策、教育（Education）对策和法制（Enforcement）对策，即所谓3E原则。

技术对策是运用工程技术手段消除生产设施设备的不安全因素，改善作业环境条件，完善防护与报警装置，实现生产条件的安全和卫生。教育对策是提供各种层次、各种形式和内容的教育和训练，使职工牢固树立"安全第一"的思想，掌握安全生产所必须的知识和技能。法制对策是利用法律、规程、标准以及规章制度等必要的强制手段约束人们的行为，从而达到消除不重视安全、违章作业等现象的目的。

4. 本质安全化原则

本质安全化原则来源于本质安全化理论，是指从一开始和从本质上实现安全化，就可以从根本上消除事故发生的可能性，从而达到预防事故发生的目的。所谓本质上实现安全化指的是设备、设施或技术工艺含有内在的能够从根本上防止发生事故的功能。

本质安全化是安全管理预防原理的根本体现，也是安全管理的最高境界；实际上目前还很难达到，但是我们应该坚持这一原则。本质安全化的含义也不仅局限于设备、设施的本质安全化，而应扩展到诸如新建工程项目，交通运输，新技术、新工艺、新材料的应用，甚至包括在人们的日常生活等各个领域中。

四、强制原理

（一）强制原理的含义

采取强制管理的手段控制人的意愿和行动，使个人的活动、行为等受到安全管理要求的约束，从而实现有效的安全管理，这就是强制原理。一般来说，管理均带有一定的强制性。管理是管理者对被管理者施加作用和影响，并要求被管理者服从其意志，满足其要求，完成其规定

工作内容	建设单位	勘察设计单位	施 工 单 位	监 理 单 位
安全管理组织机构	成立安全管理组织机构	成立现场施工配合机构	组建施工现场项目安全管理机构	组建监理现场管理机构
安全资源配置	保证安全费用投入，配置相应安全资源	将安全费用纳入概算，配置相应安全资源	制订安全费用使用计划，专款专用，配置相应安全资源	督促施工单位落实安全费用投入，配置相应安全资源
安全管理制度	编制安全管理办法及安全文明标准工地规划，建立相应的安全管理制度	建立相应的设计安全管理制度	编制项目相应的施工安全管理制度	编制监理安全管理规划及细则，建立相应的安全管理监理制度
安全管理目标	研究决定本项目的安全控制和管理目标	细化分解安全控制和管理目标	细化分解安全控制和管理目标	细化分解安全控制和管理目标
安全教育培训	根据本项目特点和安全控制重点，编制培训教材，组织培训	设计总体和相关设计人员进行培训	三类人员具有行业主管部门或铁道部颁发的安全培训考试合格证，对作业人员进行培训	总监、监理工程师等进行培训
专项施工方案	组织审查	参加核查，提出意见或建议	编制专项方案，落实修改意见，并组织实施	总监审核
安全技术交底	组织重大方案的安全交底，检查施工单位的安全交底情况	参加重大方案安全交底	进行安全交底，并保持交底记录	参加重大方案的安全交底，检查施工单位的安全交底情况
应急预案	编制相应的应急预案，组织审查各方预案	编制相应的应急预案	编制相应的应急预案	编制应急预案，并审查施工单位的预案
营业线施工	审查并上报审批施工计划，根据施工等级现场把关	根据营业线施工情况，提出营业线施工过渡方案，以及在施工期间保证安全运营的措施和施工注意事项	提报施工计划，包括：施工方案设计、施工组织设计、施工安全协议书等基本内容。根据计划组织实施	制定监理细则，审查施工计划，监督施工单位按设计标准和有关规范、规定施工，及时防范施工中的安全隐患
安全检查	定期检查重点抽查	配合检查	自检并接受检查	现场巡查旁站监理
处理反馈信息	核实、督促采取防范措施	处理施工反馈的有关问题	反映和处理相关问题	核实和督促处理

图 1-2　施工安全管理工作

的任务。不强制便不能有效地抑制被管理者的无拘个性，将其调动到符合整体管理利益和目的的轨道上来。

安全管理需要强制性是由事故损失的偶然性、人的“冒险”心理以及事故损失的不可挽回性所决定的。安全强制性管理的实现，离不开严格合理的法律、法规、标准和各级规章制度，这些法规、制度构成了安全行为的规范。同时，还要有强有力的管理和监督体系，以保证被管理者始终按照行为规范进行活动，一旦其行为超出规范的约束，就要有严厉的惩处措施。

（二）强制原理的原则

1. 安全第一原则

安全第一就是要求在进行生产和其他活动的时候把安全工作放在一切工作的首要位置。当生产和其他工作与安全发生矛盾时，要以安全为主，生产和其他工作要服从安全，这就是安全第一原则。

安全第一原则可以说是安全管理的基本原则，也是我国安全生产方针的重要内容。贯彻安全第一原则，就是要求一切经济部门和生产企业的领导者要高度重视安全，把安全工作当做头等大事来抓，要把保证安全作为完成各项任务、做好各项工作的前提条件。在计划、布置、实施各项工作时首先想到安全，预先采取措施，防止事故发生。该原则强调，必须把安全生产作为衡量企业工作好坏的一项基本内容，作为一项有“否决权”的指标，不安全不准进行生产。

2. 监督原则

为了促使各级生产管理部门严格执行安全法律、法规、标准和规章制度，保护职工的安全与健康，实现安全生产，必须授权专门的部门和人员行使监督、检查和惩罚的职责，以揭露安全工作中的问题，督促问题的解决，追究和惩戒违章失职行为，这就是安全管理的监督原则。

安全管理带有较多的强制性，只要求执行系统自动贯彻实施安全法规，而缺乏强有力地监督系统去监督执行，则法规的强制威力是难以发挥的。随着社会主义市场经济的发展，企业成为自主经营、自负盈亏的独立法人，国家与企业、企业经营者与职工之间的利益差别，在安全管理方面也有所体现。它表现为生产与安全、效益与安全、局部效益与社会效益、眼前利益与长远利益的矛盾。企业经营者往往容易片面追求质量、利润、产量等，而忽视职工的安全与健康。在这种情况下，必须设立安全生产监督管理部门，配备合格的监督人员，赋予必要的强制权力，以保证其履行监督职责，保证安全管理工作落到实处。

建设各方应按图 1-2 的规定做好施工安全管理工作。

第三节 事故致因理论

事故发生有其自身的发展规律和特点，只有掌握事故发生的规律，才能保证安全生产系统处于安全状态。前人站在不同的角度，对事故进行了研究，给出了很多事故致因理论，下面简要介绍几种。

一、事故频发倾向理论

1919 年，英国的格林伍德和伍兹把许多伤亡事故发生次数按照泊松分布、偏倚分布和非均等分布进行了统计分析发现，当发生事故的概率不存在个体差异时，一定时间内事故发生次数服从泊松分布。一些工人由于存在精神或心理方面的毛病，如果在生产操作过程中发生过一次事故，当再继续操作时，就有重复发生第二次、第三次事故的倾向，符合这种统计分布的主要是少数有精神或心理缺陷的工人，服从偏倚分布。当工厂中存在许多特别容易发生事故的人时，发生不同次数事故的人数服从非均等分布。

在此研究基础上，1939 年，法默和查姆勃等提出了事故频发倾向理论。事故频发倾向是指个别容易发生事故的稳定的个人内在倾向。事故频发倾向者的存在是工业事故发生的主要原因，即少数具有事故频发倾向的工人是事故频发倾向者，他们的存在是工业事故发生的原因。如果企业中减少了事故频发倾向者，就可以减少工业事故。

二、海因里希因果连锁理论

1931 年，美国的海因里希在《工业事故预防》一书中，阐述了工业安全理论。该书的主要内容之一就是论述了事故发生的因果连锁理论，后人称其为海因里希因果连锁理论。

海因里希把工业伤害事故的发生发展过程描述为具有一定因果关系事件的连锁，即人员伤亡的发生是事故的结果，事故的发生原因是人的不安全行为或物的不安全状态，人的不安全行为或物的不安全状态是由于人的缺点造成的，人的缺点是由于不良环境诱发或者是由先天的遗传因素造成的。

海因里希将事故因果连锁过程概括为以下五个因素：遗传及社会环境、人的缺点、人的不安全行为或物的不安全状态、事故、伤害。海因里希用多米诺骨牌来形象地描述这种事故因果连锁关系。在多米诺骨牌系列中，一颗骨牌被碰倒了，则将发生连锁反应，其余的几颗骨牌相继被碰倒。如果移去中间的一颗骨牌，则连锁被破坏，事故过程被中止。他认为，企业安全工作的中心就是防止人的不安全行为，消除机械的或物质的不安全状态，中断事故连锁的进程而避免事故的发生。

三、能量意外释放理论

1961 年吉布森提出了事故是一种不正常的或不希望的能量释放，各种形式的能量是构成伤害的直接原因。因此，应该通过控制能量或控制作为能量达及人体媒介的能量载体来预防伤害事故。

在吉布森的研究基础上，1966 年哈登完善了能量意外释放理论，提出“人受伤害的原因只能是某种能量的转移”，并提出了能量逆流于人体造成伤害的分类方法，将伤害分为两类：第一类伤害是由于施加了局部或全身性损伤阈值的能量引起的；第二类伤害是由影响了局部或全身性能量交换引起的，主要指中毒窒息和冻伤。哈登认为，在一定条件下某种形式的能量能否产生伤害造成人员伤亡事故取决于能量大小、接触能量时间长短和频率以及力的集中程度。根据能量意外释放论，可以利用各种屏蔽来防止意外的能量转移，从而防止事故的发生。

四、系统安全理论

在 20 世纪 50 年代到 60 年代美国研制洲际导弹的过程中，系统安全理论应运而生。

系统安全理论包括很多区别于传统安全理论的创新概念：

(1)在事故致因理论方面，改变了人们只注重操作人员的不安全行为而忽略硬件的故障在事故致因中作用的传统观念，开始考虑如何通过改善物的系统可靠性来提高复杂系统的安全性，从而避免事故。

(2)没有任何一种事物是绝对安全的,任何事物中都潜伏着危险因素。通常所说的安全或危险只不过是一种主观的判断。

(3)不可能根除一切危险源,可以减少来自现有危险源的危险性,宁可减少总的危险性而不是只彻底去消除几种选定的风险。

(4)由于人的认识能力有限,有时不能完全认识危险源及其风险,即使认识了现有的危险源,随着生产技术的发展,新技术、新工艺、新材料和新能源的出现,又会产生新的危险源。安全工作的目标就是控制危险源,努力把事故发生概率降到最低,即使发生事故时,也能把伤害和损失控制在较轻的程度上。

第四节　我国安全生产管理方针

一、我国安全生产工作现状

(一)安全生产事故情况

近几年来,我国每年因各类事故死亡人数都在 10 万人左右,发生各类事故 100 多万起。安全生产事故的总体现状是:工矿企业事故发生总数有下降趋势,事故发生次数多、事故伤亡人数多,事故发生率远高于美国、英国、日本等工业化国家,重大事故和特别重大事故多发和死亡人数多是安全生产事故的一大特点。

【案例】 杭州地铁施工塌陷事故

2008 年 11 月 15 日 15 时 20 分许,一段杭州地铁施工工地突然发生路面大面积塌陷事故,导致萧山湘湖风情大道 75 m 路面坍塌,并下陷 15 m。正在路面行驶的多辆车陷入深坑,多名地铁工地施工人员被困地下,最终死亡 21 人。8 名相关责任人分别被判处 3 至 6 年刑期。图 1-3 为事故现场。

图 1-3　杭州地铁塌陷事故

(二)安全生产法律法规体系建设情况

改革开放以来,我国制定并颁布了近 20 部有关安全生产方面的法律和行政法规,如《矿山安全法》、《海上交通安全法》、《消防法》、《煤炭法》、《铁路法》、《公路法》、《民航法》和《建筑法》等。这些法律和行政法规对依法加强安全生产管理工作发挥了重要作用,促进了安全生产法制建设。2002 年,为全面、完整地贯彻国家关于加强安全生产监督管理的基本方针、基本原则，确定对各行业、各部门和各类企业普遍适用的安全生产基本管理制度，并对安全生产管理中普遍存在的、共性的、基本的法律问题作出统一规范，全国人大颁布实施了《中华人民共和国安全生产法》(以下简称《安全生产法》)。以《安全生产法》为核心，包括法律、行政法规、部门规章和地方性安全生产法规和规章的我国安全生产法律法规体系正在逐步建立并完善。

2004 年 1 月，国务院发布了《关于进一步加强安全生产工作的决定》，是党和政府加强安全生产工作的又一重大举措，是指导安全生产工作的纲领性文件。

(三)安全生产监督管理情况

近年来，相继建立了国家、省(自治区、直辖市)、地(市)、县级安全生产监督管理机构，建立了安全生产监督、监察管理机构体系，加大了对一些高风险行业的安全生产监察力度。在2003 年，仅煤矿就监察矿井 23 896 处次，下达现场处理决定书 41 075 份。但整体上还存在薄弱环节，如安全生产监察执法人数少、监督机构不够健全、监督执法人员素质低等。

(四)安全生产技术情况

随着我国经济能力的增强，国家已经规定淘汰了两批落后设备。企业按照产品升级换代的需要，也逐渐淘汰了一些落后的工艺和设备。自主开发和引进了一些先进的安全检测、监测仪器设备。国家整体安全生产技术水平在逐年提高。但是，总体安全技术水平比较低，特别是安全监测技术设备、应急救援技术装备远远落后于工业化国家。

(五)安全生产管理情况

近年来，我国一些企业在安全生产中，引入了“以人为本”、“持续改进”的管理理念，建立了系统化、科学化的职业健康安全管理体系。2003 年，全国绝大部分煤矿、超过 50%的非煤矿山和危险化学品生产、储存企业完成了安全评估工作。2003 年，按照《安全生产法》及其他安全生产法律法规的要求，大型建设项目、高风险建设项目和高风险企业开展了安全预评价和安全现状综合评价，使整体安全生产管理水平有了很大提高。但应该看到，我国大部分企业的管理水平还很低。

二、安全生产管理方针及其含义

《安全生产法》在总结我国安全生产管理实践经验的基础上，将“安全第一，预防为主”规定为我国安全生产工作的基本方针。

所谓“安全第一”，就是在生产经营活动中，在处理保证安全与生产经营活动的关系上，要始终把安全放在首要位置，优先考虑从业人员和其他人员的人身安全，贯彻“安全优先”的原则。在确保安全的前提下，努力实现生产的其他目标。

所谓“预防为主”，就是说对安全生产的管理，主要不是在发生事故后去组织抢救，进行事故调查、处理和分析，而是按照系统化、科学化的管理思想，按照事故发生的规律和特点，千方百计预防事故的发生，做到防患于未然，将事故消灭在萌芽状态。虽然人类在生产活动中还不可能完全杜绝安全生产事故的发生，但只要思想重视，预防措施得当，事故是可以大大减少的。

三、安全生产管理组织保障

施工单位应按照《安全生产法》的规定要求设置安全生产管理机构和配备安全生产管理人员。

安全生产管理机构指的是生产经营单位中专门负责安全生产监督管理的内设机构，其工作人员都是专职安全生产管理人员。安全生产管理机构的作用是落实国家有关安全生产的法律法规,组织生产经营单位内部各种安全检查活动,负责日常安全检查,及时整改消除各种事故隐患,监督安全生产责任制的落实等。它是生产经营单位安全生产的重要组织保证。

安全生产管理机构的设置和专、兼职安全生产管理人员的配备,是根据生产经营单位的危险性、规模大小等因素来确定的。

从事危险性较大的矿山开采、建筑施工和危险物品的生产、经营、储存活动的生产经营单位,必须设置安全生产管理机构或者配备专职安全生产管理人员。具体是否设置安全生产管理机构或者配备多少专职安全生产管理人员,则应根据生产经营单位危险性的大小、从业人员的多少、生产经营规模的大小等因素确定。

除从事矿山开采、建筑施工和危险物品生产、经营、储存活动的生产经营单位外,其他生产经营单位是否设立安全生产管理机构以及是否配备专职安全生产管理人员,则要根据其从业人员的规模来确定。从业人员超过300人的生产经营单位,必须设置安全生产管理机构或者配备专职安全生产管理人员;是设置安全生产管理机构,还是配备专职安全生产管理人员,要根据生产经营单位的实际情况来确定,没有统一规定。从业人员在300人以下的生产经营单位,可以不设置安全生产管理机构,但必须配备专职或者兼职的安全生产管理人员,或者委托具有国家规定的相关专业技术资格的工程技术人员提供安全生产管理服务。

需要指出的是:当生产经营单位依据法律规定和本单位实际情况,委托工程技术人员提供安全生产管理服务时,保证安全生产的责任仍由本单位负责。

【案例】　违章指挥造成塔吊倒塌

(1)事故经过

某公司承包修建桥梁工程。某日,汽车吊驾驶员陈某用汽车将塔吊运至工地。公司安装人员开始组装塔身。当日下午3时,汽车吊驾驶员陈某提出下班,理由是吊车油料用完,且天黑无照明灯。但现场施工负责人柳某不同意,派人找来汽油,让大家继续组装塔吊。晚8时,发现塔吊的塔身被首尾倒装,无法与塔基对接。在安装人员的建议下,柳某和吊车驾驶员陈某叫来几个民工,运用钢丝悬挂重物、人拉钢丝使塔身移动的简易方法扭转塔身。由于无法掌握平衡,塔身突然倒塌,造成3人死亡,4人重伤。

(2)事故原因

这是一起管理人员违章指挥、从业人员违章操作导致发生的生产安全事故。

根据《安全生产法》第十六条的规定,生产经营单位应当具备本法和有关法律、行政法规和国家标准或者行业标准规定的安全生产条件。不具备安全生产条件的,不得从事生产经营活动。本事故中,工程施工工地没有制定基本的安全措施,所用的汽车吊也不具备承担吊装任务的功能。由此可见,该公司没有执行安全生产法律、法规,也没有加强劳动安全管理,完全是违法施工作业。

同时,根据《安全生产法》第三十五条的规定,生产经营单位进行爆破、吊装等危险作业时,应当安排专门人员进行现场安全管理,确保操作规程的遵守和安全措施的落实。本事故中,现场管理人员违章指挥,吊车驾驶员及其他作业人员也都存在违章作业问题。此外,该案中的施工作业还违反了国家有关特种作业安全管理的规定。起重机械作业属于特种作业,其驾驶人员属于特种作业人员。

根据《安全生产法》第二十三条的规定,生产经营单位的特种作业人员必须按照国家有关规定经专门的安全作业培训,取得特种作业操作资格证书,方可上岗作业。本事故中,汽车吊驾驶员陈某未经特种作业专业培训,没有取得相关资格证书,无证驾驶吊车,是造成这次事故发生的主要原因之一。

第五节　静态验收和联调联试安全

一、静态验收安全要点

(1)建设单位或铁路局应编制静态验收实施方案。相关单位根据静态验收实施方案确定的验收程序、验收内容、计划安排等做好配合。

(2)静态验收期间进入现场的有关人员应进行安全技术培训。

(3)轨行车辆使用与行车管理,应执行相关规定。各类工程应达到轨行车辆安全运行条件。

(4)静态验收期间施工单位必须整改施工时,应避免与验收作业交叉进行。杜绝无计划、无方案、无安全设施的交叉作业。

(5)静态验收期间应确认路基排水设施与桥涵、隧道、站场等排水设施的系统性、完整性。

(6)对影响联调联试和行车安全的工程质量问题,必须在联调联试前整改和复验完毕。

二、客运专线联调联试的作用

客运专线联调联试是指完成静态验收之后,采用试验列车和检测列车对客运专线各系统的工作状态、性能、功能及系统间匹配关系进行综合测试、调整和优化,使客运专线整体系统达到设计要求。

客运专线铁路涉及牵引供电、列车、通信信号、运营调度、客运服务、养护维护、信息化及站前基础设施等系统,各系统之间既有硬件联系,又有软件衔接,是一项庞大的系统工程。高速铁路建设普遍采用系统集成模式,联调联试及试运行是对高速铁路各系统接口匹配关系、整体运行性能、安全性及环境保护等进行全面试验评估和运行考验,是对系统集成效果的全面检验。联调联试及试运行既是高速铁路系统集成必不可少的重要环节,也是高速铁路建设的关键技术之一。

联调联试是实现整体系统集成的重要举措。客运专线铁路的各系统、设备之间既各自独立又相互依存、相互制约,在时间、空间、物理以及功能等方面上存在着许多需要互相衔接的接口。联调联试即系统间的综合联调,将所有的已测试好的系统均开动,使它们正常运行,并从轮轨关系、弓网关系、机电耦合、列车控制等方面,检测、调试、优化各系统间的接口功能,使整体系统的功能达到最优,满足运输要求。通过联调联试,经由大系统到子系统的多次反馈与调整方可认定子系统功能结构的完整性与合理性。

联调联试是实现移动设备与固定设备的最佳整体匹配。从客运专线铁路运行而言,线路工程是基础,列车和供电是关键,通信信号与网络是运行和安全的保障,三者是不可分割的整体。从动态观点上来看,三者又可分为移动设备与固定设备之间的有机结合,联调就是在系统目标协调下寻求移动设备与固定设备之间的最佳整体匹配。任何庞大而复杂的系统都需要在设计、制定技术规范、制造、安装(或施工)及测试的各个阶段特别注意各系统之间的界面。各子系统与其他的界面必须进行检查和验证所需功能的兼容性。

列车的安全性、舒适性及平稳性是通过线路与列车的最佳匹配来实现的,联调联试的任务就是寻求二者之间的匹配。

联调联试实现对系统基于可靠性理论的安全分析。在客运专线铁路正式运营之前,通过联调联试，检验列车在轨道上运行的安全性、平稳性、舒适性；检验牵引供电及电力系统的安全性、稳定性，评价其设计参数和设备选型的合理性；验证通信信号系统的功能性、安全性；验证线路、桥梁、路基、路桥过渡段等工务工程的基本设计参数、定型图和减振降噪措施的合理性；模拟设备故障，应对突发性事故，并进行人员疏散、应急救援、抢险维修等方面的演练。因此，联调联试对于实现客运专线铁路整体安全性是十分必要的。

联调联试为运营提供成熟可靠的技术系统。系统联调联试结果可作为铁路工程验收的依据之一。通过系统联调联试和试运行，全面综合检验客运专线线路、车站、通信、信号、供电、列车、调度指挥、客运服务等设施和设备以及行车组织方式等，能否满足列车高速、高效、高密、安全、平稳、方便的运营要求，为开通运营和进一步优化设备配置、提高设备性能、制定科学合理的运输组织方案，提供技术支持。通过检验铁路各系统、各专业应对各种非正常行车的能力，特别是设备故障条件下的调度指挥调整能力，提高应急救援和指挥的水平，尽可能将影响和损失降低到最小。

联调联试及试运行方案与大纲是开展联调联试及试运行工作的重要文件，是必不可少的。编制联调联试方案与大纲应在充分调研的基础上，了解客运专线站前站后工程资料，熟悉线路设备，并进行现场实际踏勘，明确联调联试目的、内容，试验区段、试验列车、速度，安全评判标准，测点及测试方法，数据处理方法，以及现场组织机构与分工，确保对全线各系统功能、系统间的配合进行比较充分地调试和检验，以便对各系统的功能、性能和整体系统的运行安全性、平稳性、舒适性进行评价。试运行方案包括列车运行时分测试、行车指挥试验与测试、设备故障处理模拟试验、突发性事故应急处理模拟试验和按图行车等内容，进行实际运营操练，验证整体系统能力。

三、客运专线联调联试安全要点

(1)建设单位应编制联调联试施工组织设计，明确占轨计划安排，设置专人进行调度指挥，并制订应急预案等。

(2)各单位应按照批准的试验大纲和计划，制订实施方案及各项安全措施，配备必要的人员、机具及测试仪器。

(3)联调联试期间所有上道作业人员必须按规定进行培训，合格后方可上岗。

(4)联调联试期间所使用的施工机械和工程车等应状态良好，必须由具备规定资格的人员操作，并派专人指挥、专人防护。

(5)联调联试期间必须做好施工现场与试验现场的空间隔离，做到施工不行车，行车不施工。试车前施工机具、材料、人员必须撤离到安全地带。

(6)试车前必须按规定对线路和设备进行全面检查，确认达到试验条件。试车期间应保证线路、试验设备等状态良好。

(7)试验列车必须状态良好，人员配置齐全。

(8)试验列车必须严格按照有关制度进行行车管理。在安全评估的前提下按规定的速度阶梯逐步提速，并遵守有关限速的规定。

(9)试车期间应做好线路两侧、道口、车站等处的安全防护。

(10)试验区段内，根据试验计划必须上锁道岔的钥匙由车站值班员统一保管。任何单位改变道岔进路时，必须联系车站配合开锁，使用完毕必须复位加锁。任何情况下没有调度命令不得私自使用手摇把。

(11)更换钢轨、夹板及道岔主要部件时,应设好临时回流线。

(12)测试棚及仪器设备应设专人看护,并做好安全用电和防火等工作。

(13)测量仪器设备的安装应符合下列规定:

①在轨道电路区段,工具、材料等严禁短路轨道电路;

②传感器安装完毕后,应确认各紧固件、防松卡安装正确、齐全、牢固;

③测量仪器设备严禁影响线路上其他设备、设施的正常使用。

(14)轨道结构及扣件动力性能试验设备的安装应符合下列规定:

①测试用电缆、仪器应安装正确、牢固可靠、防护良好;

②轨道的扣件螺栓应达到规定扭矩。

(15)弓网受流性能测量传感器的安装应符合下列规定:

①高处作业人员应使用专门用具传递工具、零件和材料,上下交叉作业应采取防护措施;

②工具、材料严禁侵入铁路建筑限界;

③零件应安装牢固,不应临时固定;

④车顶上作业时应采取防滑措施,地面应设安全防护员。

(16)联调联试期间的通信、信号、电力、电力牵引供电等设备应状态良好,并不得随意断开或停用。

(17)供电系统及其配电装置停送电时,应按有关规定办理停送电申请手续。

【案例】 郑西客专轨道检测车出轨事故

(1)事故概况

2009 年 11 月 14 日 9 时,因轨检车发生抱轴事故,致使二十三局集团承建的郑西铁路客专华山北站,2 km 钢轨、双块式无砟轨道、信号传感系统,以及 5 组道岔等构建物和设备遭受严重破坏,事故现场如图 1-4 所示。

图 1-4 郑西客专轨道检测车出轨事故现场

(2)事故分析

此次事故发生在郑西客专通车前的轨道检测过程中,由于轨检车抱轴造成轮轴热切、车辆脱线等一系列破坏后果。原因有以下两个:

①在轨检前应该加强安全措施。普通机车本身必要的传感设备较少,应该适量增加传感设备,以便在轨检发生异常时及时发现。

②参加轨检的作业人员不够细心。轨检作业人员也须经过专业培训,才有一定的专业知识。在轨检过程中应细心观察线路情况和车辆情况,车辆一旦抱轴后运行的震动和声音都会有变化,应及时刹车减小破坏程度。

第二章　施工企业安全生产保证体系与责任制

第一节　安全生产保证体系

为了保证工程安全目标的实现，必须根据合同规定的要求和国家有关施工生产安全的法律法规，结合本单位和工程的特点和具体实际及环境状况，建立安全保证体系，包括：以项目经理为首的各级生产指挥、安全管理的保证体系；以党委书记为首的各党委部门把思想政治工作贯穿于安全施工生产中的安全思想工作保证体系，以工会主席为首的发挥工会组织"教育、协助、监督"职能的群众监督保证体系；以团委书记为首的青年职工安全生产保证体系；以总工程师、总经济师、总会计师为首的安全技术、安全技术计划、安全技术经费保证体系；以安全部门为主的专业安全管理控制、检查保证体系。

在项目上，也应建立完善的安全保证体系，图 2-1 即为某项目部的安全保证体系。

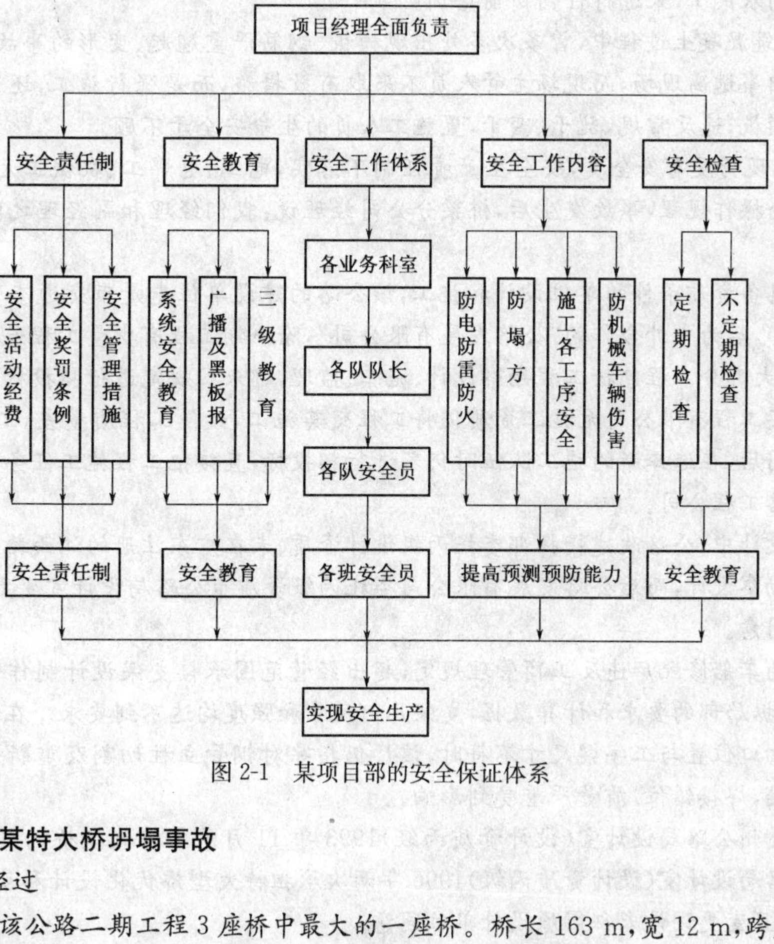

图 2-1　某项目部的安全保证体系

【案例】　某特大桥坍塌事故

(1)事故经过

该大桥是该公路二期工程 3 座桥中最大的一座桥。桥长 163 m，宽 12 m，跨度 100 m，为单跨箱型混凝土拱桥，属特大型桥。山谷底至桥拱顶垂直高度 74 m。×年 12 月 19 日上午 9

时，施工单位从桥的两端同时向桥中间用小灰桶倒送混凝土，对桥面拱箱底板（厚度 12 cm）进行浇筑作业。10 时 30 分，一个方向的混凝土输送泵发生故障，为求两端进度一致，现场指挥临时决定调集部分人员由另一个桥台方向传递混凝土到对方。当拱桥浇筑混凝土尚差 2～3 m就要合拢时，支架及桥面突然坍塌，正在桥面作业的 90 多人随桥面坍塌坠入 74 m 深的沟底，造成这起特大事故。

(2)事故原因

①直接原因

施工支架设计强度低，稳定性不够，不能承受大桥施工时的荷载，使支架失稳倒塌。

②管理方面的原因

a. 公路工程公司管理混乱，无视安全，蛮干乱干。该公司 1995 年 11 月 10 日在前一年的某大桥施工中，因违反操作规程而导致贝雷架失稳倒塌，造成 5 人死亡、6 人受伤的重大伤亡事故，但对这起事故未能严肃认真处理，从中吸取教训，致使一年后又发生了这次大桥特大事故。大桥施工管理主要存在三个问题。

(i)承担大桥施工任务的公路工程二公司没有制定一个切合实际的施工方案，只有施工组织设计说明，且内容不全、规定不细，仅是施工程序的设想和计划。施工中，没有管理人员、作业人员的分工；没有支架搭设、桥面浇筑方案的具体方法、步骤、规定；没有安全防范技术措施，对临时招来的农民工，未进行任何岗前培训。

(ii)在浇筑混凝土过程中，曾多次多处出现模板、钢筋严重翘起、变形的事故征兆，施工技术人员因怕出事逃离现场，而现场主管人员不采取有效措施，而是强行施工，还让几十名工人踩压翘起的模板，违反常规，乱干、蛮干，置施工人员的生命安全于不顾。

(iii)施工现场没有安全员，安全生产责任制不落实，电工、电焊工、机械工无证上岗，作业人员不懂安全操作规程，事故发生后，桥梁分公司经理说：我们经理和副经理之间安全责任没有明确。

b. 由不具备资质条件的单位设计和施工，该公路的建设单位先是市交通委员会成立的公路改建指挥部，后为中外合作的"公路发展有限公司"，除一期工程有少量工程采取不规范的招标承包外，绝大部分工程包括工程勘察设计、施工、监理，都未按规定进行招投标。公路发展有限公司明知某工程有限公司无施工资质仍将工程交其施工，致使工程质量差，工期一拖再拖。解除施工合同后，在选择新的施工队伍时仍不进行招投标，直接把工程施工任务交给暂定二级资质的市公路工程公司。

在工程设计中，公路改建指挥部委托丙级设计资质、未在广东注册的江西赣州公路局勘察设计室进行勘察设计，而后公路发展有限公司委托丙级资质市公路局设计室变更设计，也未经原设计单位同意。

③公路局车船修配厂违反工商管理规定，超出经营范围承接支架设计制作任务。在设计制作中，只根据局部的要求和计算数据，支架几何尺寸和强度均达不到要求。在安装中出现支架钢管立柱切口位置与工字梁尺寸不符时，该厂仍指导对钢管立柱切割及重新焊接。由于非专业人员焊接，焊接错位，质量严重受到影响。

④江西赣州公路局设计室（设计资质丙级）1993 年 11 月承担特大型桥的设计，属于越级设计。市公路局设计室（设计资质丙级）1996 年两次承担特大型桥优化设计和变更设计任务，属越级设计，且变更设计未征得原设计单位同意。

⑤监理工作不到位。监理单位与业主签订的合同规定，要审查施工单位编制的详细施工

组织设计方案(包括施工技术方案和施工进度计划),在桥梁图纸会审交底会的会议纪要中也提出要对施工单位的施工支架及贝雷架搭接整体方案及图纸,支架拱架及各构件计算结果,以及浇筑方案、拱架变形控制、落架方法等进行监督核查。但在施工中,施工单位既没有提交施工设计图纸资料,也没有提交施工支架方案,监理也未采取有效措施。

经调查,该公司的监理实际上是先由地质部门西安工程勘察设计院承接,因其没有监理资质,无法与甲方签订合同,才找康厦监理公司与其签订了合作监理的协议书。

监理单位没有组织一支适应工作需要的现场监理队伍,高校监理人员部分是教师,缺乏施工现场经验,不少是外聘退休工程技术人员,年纪较大,不适应现场监理要求,没有监理证书。现场监理人员也没有按监理规范对施工工序和进度进行把关和控制。

⑥政府质量监督不到位。省公路工程质监站委托市公路工程质监站进行全面质量监督。市质监站虽对监督时间、内容、方式、监督人员等做了安排,但未按计划进行,11 月 20 日到事故发生的一个月里,监督人员不到现场,也不了解施工现场工程进度情况。

第二节　安全生产责任制

安全生产责任制主要指企业的各级领导、职能部门和在一定岗位上的劳动者个人对安全生产工作应负责任的一种制度,也是企业的一项基本管理制度。

安全生产责任制是根据我国的安全生产方针"安全第一,预防为主,综合治理"和安全生产法规建立的各级领导、职能部门、工程技术人员、岗位操作人员在劳动生产过程中对安全生产层层负责的制度。安全生产责任制是企业岗位责任制的一个组成部分,是企业中最基本的一项安全制度,也是企业安全生产、劳动保护管理制度的核心。实践证明,凡是建立、健全了安全生产责任制的企业,各级领导重视安全生产、劳动保护工作,切实贯彻执行党的安全生产、劳动保护方针、政策和国家的安全生产、劳动保护法规,在认真负责地组织生产的同时,积极采取措施,改善劳动条件,工伤事故和职业性疾病就会减少。反之,就会职责不清,相互推诿,而使安全生产、劳动保护工作无人负责,无法进行,工伤事故及职业病就会不断发生。

安全生产责任制是经过长期的安全生产、劳动保护管理实践证明的成功制度与措施。这一制度与措施最早见于国务院 1963 年 3 月 30 日颁布的《关于加强企业生产中安全工作的几项规定》(即《五项规定》)。《五项规定》中要求,企业的各级领导、职能部门、有关工程技术人员和生产工人,各自在生产过程中应负的安全责任,必须加以明确的规定。《五项规定》还要求,企业单位的各级领导人员在管理生产的同时,必须负责管理安全工作,认真贯彻执行国家相关劳动保护的法令和制度,在计划、布置、检查、总结、评比生产的同时,计划、布置、检查、总结、评比安全工作(即"五同时"制度);企业单位中的生产、技术、设计、供销、运输、财务等各有关专职机构,都应在各自的企业业务范围内,对实现安全生产的要求负责;企业单位都应根据实际情况加强劳动保护机构或专职人员的工作;企业单位各生产小组都应设置不脱产的安全生产管理员;企业职工应自觉遵守安全生产规章制度。安全生产责任制是生产经营单位和企业岗位责任制的一个组成部分,根据"管理生产必须管安全"的原则,安全生产责任制综合各种安全生产管理、安全操作制度,对生产经营单位和企业各级领导、各职能部门、有关工程技术人员和生产工人在生产中应负的安全责任加以明确规定的制度,《安全生产法》把建立、健全安全生产责任制作为生产经营单位和企业安全管理必须实行的一项基本制度,在其第二章生产经营单位的安全生产保障中第十七条第一款作了明确规定,要求生产经营单位的主要负责人要建立、健全本单位安全生产责任制，并对其负责。

生产经营单位和企业安全生产责任制的主要内容是，厂长、经理是法人代表，是生产经营单位和企业安全生产的第一责任人，对生产经营单位和企业的安全生产负全面责任；生产经营单位和企业的各级领导、生产管理人员，在管理生产的同时，必须负责管理安全工作，在计划、布置、检查、总结、评比生产的时候，必须同时计划、布置、检查、总结、评比安全生产工作；有关的职能机构和人员，必须在自己的业务工作范围内，对实现安全生产负责；职工必须遵守以岗位现任制为主的安全生产制度，严格遵守安全生产法规、制度，不违章作业，并有权拒绝违章指挥，险情严重时有权停止作业，采取紧急防范措施。

国务院 1963 年发布的《关于加强企业生产中安全生产工作的几项规定》要求企业劳动保护管理必须坚持安全生产责任制度，并明确规定，企业领导（厂长、经理）对本单位劳动保护工作负全面责任（或总的责任），在管理生产的同时要管理安全生产工作，认真执行国家劳动保护的方针、政策和法规。1978 年，中共中央下发的《关于认真做好劳动保护工作的通知》规定，一个企业发生伤亡事故，首先要追查厂长的责任，不能姑息迁就。由于生产经营单位和企业采取的防止伤亡事故和职业病危害的措施，常常不是哪一个职能部门就能单独完成的，需要各有关职能部门和车间相互配合，因此，没有生产经营单位和企业主要负责人对安全生产的全面负责，这些措施就难于实现。

实践证明，实行安全生产责任制有利于增加生产经营单位和企业职工的责任感和调动他们搞好安全生产的积极性。生产经营单位和企业由各个行政部门、采区、车间、班组（工段）和个人组成，各自具有本职任务或生产任务。而安全不是离开生产而独立存在的，是贯穿于生产整个过程之中体现出来的。只有从上到下建立起严格的安全生产责任制，责任分明，各司其职，各负其责，将法规赋予生产经营单位和企业的安全生产责任由大家来共同承担，安全工作才能形成一个整体，各类生产中的事故隐患无机可乘，从而避免或减少事故的发生。因此，许多生产经营单位和企业在实行中，按照责、权、利相结合的原则，对安全工作采用目标管理的方法，并与奖惩制度紧密结合，使生产经营单位和企业的安全工作得到了加强。这种做法是将生产安全所要达到的目标事先制定，并层层分解，落实到部门、各班组，若在规定的时间内完成或达到这个目标，在奖金或其他方面要给予奖励；若完不成目标，要扣罚奖金或给予其他处罚。在实行中，通常考虑了责、权、利统一的原则，即权力大，所应承担的责任就重，因此在奖惩方面也要重奖、重罚，就像国务院领导所讲的那样，做到有权就要负责，责权统一。

第三节　不同岗位安全生产职责

为了贯彻国家安全生产政策、法律、法规，认真执行“安全第一，预防为主，综合治理”的方针，建立、健全公司安全生产管理和保证体系，施工企业应制定相应的安全生产责任制，下列内容可供施工企业参考。

一、总经理安全职责

总经理是企业安全生产的第一负责人，对本企业安全生产负全面责任：

（1）认真贯彻执行国家安全生产方针、政策、法律、法规，把安全工作列入企业管理的重要议事日程，亲自主持重要的安全生产工作会议，批阅上级有关安全方面的文件，签发有关安全工作的重大决定；

(2)负责落实各级安全生产责任制，督促检查同级副职和所属单位行政正职抓好安全生产工作；

(3)健全安全管理机构，充实专职安全生产管理人员，定期听取安全生产管理部门的工作汇报，及时研究解决或审批有关安全生产中的重大问题；

(4)组织审定并批准企业安全规章制度、安全技术规程和重大的安全技术措施，解决安全技术措施所需费用；

(5)按规定和事故处理的“三不放过”原则，组织对事故的调查处理；

(6)加强对各项安全活动的领导，决定安全生产方面的重要奖惩。

二、副总经理的安全职责

在总经理的领导下，对分管业务范围内的安全生产负责：

(1)贯彻“五同时”的原则，即在计划、布置、检查、总结、评比生产工作的同时，计划、布置、检查、总结、评比安全工作；监督检查分管部门对安全生产各项规章制度执行情况，及时纠正失职和违章行为；

(2)组织制订、修订分管部门的安全生产规章制度、安全技术规程和编制安全技术措施计划，并认真组织实施；

(3)组织分管业务范围内的安全生产大检查，落实重大事故隐患的整改；

(4)组织分管部门开展安全生产竞赛活动，总结推广安全生产工作的先进经验，奖励先进单位和个人；

(5)负责分管部门的安全生产教育与考核工作；

(6)规定职责范围内的组织事故的调查处理，并及时向上级报告；

(7)定期召开分管部门安全生产工作会议，分析安全生产动态，及时解决安全生产中存在的问题。

三、企业技术负责人安全职责

企业技术负责人对企业生产中的安全技术问题全面负责，安全生产负责人对分管业务范围内的安全技术问题负责，其职责是：

(1)组织开展技术研究工作，积极采用先进技术和安全防护装置，组织研究落实重大事故隐患的整改方案；

(2)在组织新厂、新装置以及技术改造项目的设计、施工和投产时，做到安全卫生设施与主体工程同时设计、同时施工、同时投产；

(3)审查企业安全技术规程和安全技术措施项目，保证技术上切实可行；

(4)负责组织制订生产岗位尘毒等有害物质的治理方案、规划，使之达到国家标准；

(5)参加事故的调查处理，采取有效措施，防止事故重复发生。

四、项目经理安全职责

项目经理对本部门安全生产全面负责，其职责是：

(1)保证国家安全生产法规和企业规章制度在本部门贯彻执行，把安全生产工作列入议事日程，做到“五同时”；

(2)组织制订并实施本部门安全生产管理规定，安全技术操作规程和安全技术措施计划；

(3)组织对新工人进行工地安全教育和班组安全教育,对职工进行经常性的安全思想、安全知识和安全技术教育;开展岗位技术练兵,并定期组织安全技术考核;组织并参加每周一次的班组安全活动日,及时解决工人提出的意见;

(4)组织全部门安全检查,落实隐患整改,保证生产设备、安全装备、消防设施、防护器材和急救器具等处于完好状态,并教育职工加强维护,正确使用;

(5)及时报告本部门发生的事故,注意保护现场;

(6)建立本部门安全管理网,配备合格的安全技术人员,充分发挥项目部和班组安全人员的作用。

五、项目工程技术负责人安全职责

项目工程技术负责人对本项目安全技术问题全面负责,其职责是:

(1)对项目工程生产经营中的安全生产负技术责任;

(2)贯彻、落实安全生产方针、政策、严格执行安全技术规程、规范、标准,结合项目特点,主持项目工程的安全技术交底;

(3)参加或组织编制施工组织设计,编制、审查施工方案时,要制定、审查安全技术措施,保证其可行性与针对性,并随时检查、监督、落实;

(4)主持制订技术措施计划和季节性施工方案的同时,制定相应的安全技术措施并监督执行,及时解决执行中出现的问题;

(5)项目工程应用新材料、新技术、新工艺,要及时上报经批准后方可实施,同时要组织上岗人员的安全技术培训、教育,认真执行相应的安全技术措施与安全操作工艺、要求,预防施工中因化学物品引起的火灾、中毒或其新工艺实施中可能造成的事故;

(6)主持安全防护设施和设备的验收,发现设备、设施的不正常情况应及时采取措施,严格控制不合标准要求的防护设备、设施投入使用;

(7)参加安全生产检查,对施工中存在的不安全因素,从技术方面提出整改意见和办法予以消除;

(8)参加、配合因工伤亡及重大未遂事故的调查,从技术上分析事故原因,提出防范措施、意见。

六、班组长(工长)安全职责

班组长(工长)对本班组的安全生产负责,其职责是:

(1)贯彻执行企业和项目部对安全生产的规定和要求,全面负责本班组(工种)的安全生产;

(2)组织职工学习并贯彻执行企业、项目部各项安全生产规章制度和安全技术操作规程,教育职工遵纪守法,制止违章行为;

(3)组织并参加安全活动,坚持班前讲安全、班中检查安全、班后总结安全;

(4)负责对新工人进行岗位安全教育;

(5)负责班组安全检查,发现不安全因素及时组织力量消除,并报告上级;发生事故立即报告,并组织抢救,保护好现场,做好详细记录;

(6)搞好生产设备、安全装备、消防设施、防护器材和急救器具的检查维护工作,使其经常保持完好和正常运行;督促教育职工合理使用劳动保护用品、用具,正确使用灭火器材。

七、项目部安全员安全职责

项目部安全员对本项目部的安全生产负责，其职责是：

(1)项目部安全员在项目经理的领导下，负责本项目部的安全生产工作，协助项目经理贯彻上级安全生产的指示和规定，并检查督促执行；

(2)负责或参与制订本项目部有关安全生产管理制度和安全技术操作规程，并检查执行情况；

(3)负责编制本项目部安全技术措施计划和隐患整改方案，并负责及时上报和检查落实；

(4)做好职工的安全思想、安全技术教育与考核工作，负责新入厂人员的二级安全教育，督促检查班组、岗位三级安全教育；

(5)参加施工地点入场、施工方案的设计、审查，使之符合安全技术要求，落实装置检修停工、开工的安全措施；

(6)负责施工地点安全设备、灭火器材、防护器材和急救器具的管理，掌握工地尘毒情况，提出改进建议；

(7)每天要深入检查，及时发现隐患，制止违章作业。

八、质量检查员安全职责

质量检查员的安全职责是：

(1)严格执行国家、企业和地方政府部门颁发的建筑安装工程质量检验评定标准和规范，代表公司内部质量监督部门行使监督检查职能；

(2)协助进行工程质量自检和专检，随时掌握管辖区内各分项工程的质量情况；

(3)跟踪检查工程质量，对不符合质量标准的工序有现场处置权；

(4)检查中发现有不合格品(项)应及时报告工程负责人，参加制订处理方案，并验证方案的实施效果；

(5)行使现场质量处罚权；

(6)记录不合格品，通知处理保存记录。

九、资料员安全职责

资料员的安全职责是：

(1)按照公司技术资料有关规定，认真搞好资料管理工作，明确资料员的职责，刻苦钻研，努力提高业务水平；

(2)保证技术资料与工程同步进行，做好试块及各种材料的送检工作；

(3)各种资料要齐全准确，与施工员联系作好隐蔽工程验收鉴证手续；

(4)必须妥善保管好资料，确实保证资料齐全完整；

(5)在做好资料工作的前提下，协助施工员、质检员做好施工、质检工作；

(6)严格按质监站有关工程技术资料的通知和文件精神及时准确地做好各种记录，办好签证手续；

(7)认真学习宣传国家对工程质量验收有关法规和安全、文明施工；

(8)坚持上下班时间，协助抓好工地的现场管理。

十、施工员安全职责

施工员的安全职责是：

(1)认真执行上级有关安全生产规定，对所管辖班组(特别是分包工队)的安全生产负直接领导责任；

(2)认真执行安全技术措施及安全操作规程，针对生产任务特点，向班组(包括分包队)进行书面安全技术交底，履行签认手续，并对规程、措施、交底要求执行情况经常检查，随时纠正违章作业；

(3)经常检查所管辖班组(包括分包队)作业环境及各种设备、设施的安全状况，发现问题及时纠正解决。对重点、特殊部位施工，必须检查作业人员及各种设备设施技术状况是否符合安全要求，严格执行安全技术交底，落实安全技术措施，并监督其执行，做到不违章指挥；

(4)定期和不定期组织所管辖班组(包括分包队)学习安全操作规程，开展安全教育活动，接受安全部门或人员安全监督检查，及时解决提出的不安全问题；

(5)对分管工程项目应用的新材料、新工艺、新技术，严格执行申报、审批制度，发现问题，及时停止使用，并上报有关部门或领导；

(6)发生因工伤亡及未遂事故要保护现场，立即上报。

第四节　不同部门安全职责

一、安全技术部门安全职责

安全技术部门的安全职责是：

(1)认真贯彻执行国家及上级安全生产方针、政策、法令、法规、指示，在总经理和安全生产委员会的领导下负责企业的安全生产工作；

(2)负责对职工进行安全思想和安全技术知识教育，对新入厂职工进行厂级安全教育，组织对特种专业人员的安全技术培训和考核，组织开展各种安全活动；

(3)组织制订、修订本企业安全生产管理制度和安全技术规程，编制安全技术措施计划，提出安全技术措施方案，并检查执行情况；

(4)组织参加安全大检查，贯彻事故隐患整改制度，协助和督促有关部门对查出的隐患制订防范措施，检查隐患整改工作；

(5)参加新建、改建、扩建项目的设计审查、竣工验收工作，使其符合安全技术要求；

(6)负责锅炉、压力容器安全工作；

(7)深入现场检查，解决有关安全问题，纠正违章指挥、违章作业，遇有危及安全生产的紧急情况，有权令其停止作业，并立即报告有关领导处理；

(8)监督检查安全用火管理制度的执行情况；

(9)负责各类事故的汇总统计上报工作，并建立、健全事故档案。按规定参加事故的调查、处理工作；

(10)负责对企业各单位的安全考核评比工作，会同工会认真开展安全生产竞赛活动，总结交流安全生产先进经验，积极推广安全生产科研成果、先进技术及现代安全管理方法；

(11)检查督促有关部门和单位搞好安全装备的维护保养和管理工作；

(12)建立健全安全生产管理网，指导基层安全生产工作，加强安全生产基础建设，定期召开安全专业人员会议，不断提高基层安全员的技术素质。

二、技术部门安全职责

技术部门的安全职责是：

(1)编制或修订技术操作规程，工艺技术指标必须符合安全生产的要求，并经常督促检查执行；

(2)制订长远发展规划，编制全厂技术措施计划；

(3)严格执行安全卫生设施与主体工程同时设计、同时施工、同时投产和使用的原则；

(4)组织并督促各项目部对施工操作人员的技术培训；

(5)负责贯彻工艺纪律管理规定，经常检查工艺纪律执行情况，及时纠正存在问题；

(6)负责组织工艺技术方面的安全检查，及时改进技术上存在的问题；

(7)组织开展安全技术研究工作，积极采用先进技术和安全装备。

三、机械部门安全职责

机械部门的安全职责是：

(1)对机、电、超重设备、锅炉、受压容器及自制机械设施的安全运行负责，按照安全技术规范经常进行检查，并监督各种设备的维修、保养；

(2)对设备的租赁，要建立安全管理制度，确保租赁设备完好、安全可靠，不符合安全规定的设备不得租赁、使用，使用中发现隐患及时整改，严禁带病作业；

(3)对新购进的机械、锅炉、受压容器及大修、维修、外租回厂后的设备必须严格检查和把关，新购进的要有出厂合格证及完整的技术资料，使用前制定安全操作规程，组织专业技术培训，向有关人员交底，并进行鉴定验收；

(4)参加施工组织设计、施工方案的会审，提出涉及安全的具体意见，同时负责督促下级组织落实，保证实施；

(5)协助有关部门做好机、电、操等特种作业人员定期培训、考核和发证工作，做到不违章指挥、不违章操作；

(6)参加因工伤亡及重大未遂事故的调查，从事故设备方面认真分析原因，提出处理意见，制定防范措施。

四、保卫部门安全生产职责

保卫部门的安全生产职责是：

(1)健全安全保卫制度，认真做好施工现场安全生产的保卫工作；

(2)负责企业内炸药、雷管、剧毒物品的管理和审批；

(3)掌握企业主要生产过程的火灾特点，经常深入基层监督检查火源、火险及灭火设施的管理，督促落实火险隐患的整改，确保消防设施完备和消防道路通畅。

【案例】 2010 年 10 月 15 日 12 时 30 分左右，部分群众在邛崃市冉义镇原踏水桥跨塌处的断头部分围观施工，踏水桥断头处突然垮塌，围观群众尹明清、杨健康不幸跌入河中死亡；马亚锋、韦光清受伤。

此案例说明施工单位对现场管理不严。

五、财务部门安全职责

财务部门的安全职责是：

(1)在编制生产计划和总结生产完成情况时，必须同时计划和总结安全生产工作；

(2)在编制、检查基本建设和工程计划的同时，编制检查安全技术措施计划，认真贯彻国务院关于企业安全措施经费在固定资产、改造资金中提取10%～15%的规定，专款专用，定期核算；

(3)保证劳动保护用品、保健食品和清凉饮料的开支，保证企业安全生产实际需要的经费。

六、工会安全职责

工会的安全职责是：

(1)贯彻国家及总工会有关安全卫生的方针、政策，并监督认真执行，对忽视安全生产和违反劳动保护的现象及时提出批评和建议，督促和配合有关部门及时改进；

(2)监督劳动保护费用的使用情况，对有碍安全生产、危害职工安全健康和违反安全操作规程的行为有权抵制、纠正和控告；

(3)做好安全生产宣传教育工作，教育职工自觉遵纪守法，执行安全生产各项规程、规定，支持总经理对安全生产做出突出贡献的部门和个人给予表彰和奖励，对违反安全生产规定的部门和个人给予批评和惩罚；

(4)参加企业有关安全生产规章制度制定；

(5)协助行政搞好班组的安全建设；

(6)会同有关部门认真开展安全生产合理化建议活动；

(7)关心职工劳动条件的改善，保护职工在劳动中的安全与健康，组织从事有毒有害作业人员进行预防性健康疗养；

(8)发动和依靠广大职工群众有效地搞好安全生产；

(9)参加安全生产检查和对新装置、新工程的“三同时”监督，参加事故的调查处理；

(10)工会是企业安全生产委员会的成员，工会也要把安全生产列入职工代表大会的议题。

七、分包单位负责人职责

分包单位负责人的职责是：

(1)认真执行安全生产的各项法规、规定、规章制度及安全操作规程，合理安排班组人员工作，对本单位人员在生产中的安全和健康负责；

(2)按制度严格履行各项劳务用工手续，做好本单位人员的岗位安全培训，经常组织学习安全操作规程，监督本单位人员遵守劳动、安全纪律，做到不违章指挥，制止违章作业；

(3)必须保持本单位人员的相对稳定，人员变更须事先向有关部门申报，批准后新来人员应按规定办理各种手续，并经入场和上岗安全教育后方准上岗；

(4)根据上级的交底向本单位各工种进行详细的书面安全交底，针对当天任务、作业环境等情况，做好班前安全讲评，监督其执行情况，发现问题，及时纠正、解决；

(5)参加每月四次的项目文明安全检查，检查本单位人员作业现场安全生产状况，发现问题，及时纠正，重大隐患应立即上报有关领导；

(6)发生因工伤亡及未遂事故，保护好现场，做好伤者抢救工作，并立即上报有关领导；

(7)服从总包管理,接受总包检查,不准跨省用工及使用外地“散兵游勇”;

(8)特殊工种必须经培训合格,持证上岗。

第五节　不同工种安全职责

一、普通工安全职责

普通工的安全职责是:

(1)认真学习和严格遵守各项规章制度,不违反劳动纪律,不违章作业,对本岗位的安全生产负直接责任;

(2)精心操作,严格执行工艺纪律,作好各项记录,交接班必须交接安全情况;

(3)正确分析、判断和处理各种事故隐患,把事故消灭在萌牙状态,如发生事故,要正确处理,及时、如实地向上级报告,并保护现场,作好详细记录;

(4)按时认真进行巡回检查,发现异常情况及时处理和报告;

(5)正确操作,精心维护设备,保持作业环境整洁,搞好文明生产;

(6)上岗必须按规定着装,妥善保管和正确使用各种防护器具和灭火器材;

(7)积极参加各种安全活动;

(8)有权拒绝违章作业的指令,对他人违章作业加以劝阻和制止。

二、电工安全职责

电工的安全职责是:

(1)掌握并认真执行本工种的安全技术操作规程,不违章作业,不冒险蛮干,认真学习建设部《施工现场临时用电安全技术规范》;

(2)遵守公司各方面的劳动纪律、管理制度、不破坏或擅自移动安全防护设施;

(3)正确使用劳动保护用品,掌握触电急救知识;

(4)漏电开关、五芯电缆等必须使用国家指定合格产品,电气元件损坏后要及时更换;

(5)有责任劝阻、纠正他人的违章作业、冒险蛮干;有权拒绝不符合安全要求或违反规章制度的指挥、调度安排;

(6)劳动防护用品(绝缘鞋、手套等)配备不齐时不上岗;

(7)每天检查现场用电安全,定期检测漏电开关、接地电阻、绝缘电阻、并认真做好电工记录;

(8)积极参加各种安全生产宣传、教育、评比、竞赛、表彰、公判活动;

(9)经常关心自己周围的安全生产情况,向有关领导或部门提出合理化建议或意见。

三、架子工安全职责

架子工的安全职责是:

(1)掌握并认真执行本工种安全技术操作规程,不违章作业,不冒险蛮干;

(2)遵守公司各方面的劳动纪律、管理制度,不破坏或擅自移动安全防护设施;

(3)正确使用劳动保护用品,保护用品配备不齐不上岗;

(4)安全网非指定合格产品不得挂设,所搭设的脚手架上的安全防护设施(安全网、防护栏杆、脚手板等)要牢固可靠,绝对保证他人的安全;

(5)不管工程大或小,搭设脚手架及井架必须严格按规范操作;

(6)认真学习建设部《建筑施工高处作业安全技术规范》和《建筑机械使用安全技术规程》的有关条款;

(7)有责任劝阻、纠正他人的违章作业、冒险蛮干;有权拒绝违章指挥、调度及安排;

(8)积极参加各种安全生产宣传、教育、评比、竞赛、表彰、公判活动;

(9)经常关心自己周围的安全生产情况,向有关领导或部门提出合理化建议或意见。

四、起重工安全职责

起重工的安全职责是:

(1)掌握并认真执行本工种安全技术操作规程,不违章作业,不冒险蛮干;

(2)遵守公司各方面的劳动纪律、管理制度,不破坏或擅自移动安全防护设施;

(3)熟悉起重机械的机械性能和安全操作规程,熟练掌握起重机械的安装、拆除程序及注意事项;

(4)正确使用劳动保护用品,配备不齐全时不上岗;

(5)吊运指挥人员了解各种吊运材料的性能、比重、根据外形体积能粗略估算出材料的重量;

(6)有责任劝阻、纠正他人的违章作业、冒险蛮干;有权拒绝违章指挥、调度及安排;

(7)参加各种安全生产宣传、教育、评比、竞赛、表彰、公判活动;

(8)经常关心自己周围的安全生产情况,向有关领导或部门提出合理化建议或意见。

五、电、气焊工安全职责

电、气焊工的安全职责是:

(1)掌握并认真执行本工种安全技术操作规程,不违章作业,不冒险蛮干;

(2)遵守公司各方面的劳动纪律、管理制度,不破坏或擅自移动安全防护设施;

(3)正确使用劳动保护用品,保护用品(绝缘鞋、手套、防护鞋盖、眼镜等)配备不齐全的不得上岗;

(4)氧气瓶无防震胶圈或压力表无防护盖的不使用;

(5)电焊机未装设漏电开关、防护罩不完善、一次线无橡皮电缆的不使用;

(6)电焊工要做好电焊火花的防护,预防火灾的发生;

(7)有责任劝阻、纠正他人的违章作业、冒险蛮干,有权拒绝违章指挥、调度及安排;

(8)积极参加各种安全生产宣传、教育、评比、竞赛、表彰、公判活动;

(9)经常关心自己周围的安全生产情况,向有关领导或部门提出合理化建议或意见。

六、机械连接操作工安全职责

机械连接操作工的安全职责是:

(1)掌握并认真执行本工种安全技术操作规程,不违章作业,不冒险蛮干;

(2)遵守公司各方面的劳动纪律、管理制度,不破坏或擅自移动安全防护设施;

(3)熟悉所操作机械的性能及工作原理,了解电的基本知识,并能排除机械的一般故障;

(4)正确使用劳动保护用品,保护用品配备不齐全时不上岗;

(5)设备的安全防护装置齐全有效,否则有权停机;

(6)机械运转前应先做安全检查,用完后及时断电上锁,并做好设备的保养工作,发现问题及时向上级汇报处理,严禁设备带病运转或在运转中维修;

(7)有责任劝阻、纠正他人的违章作业、冒险蛮干;有权拒绝违章指挥、调度及安排;

(8)积极参加各种安全生产宣传、教育、评比、竞赛、表彰、公判活动;

(9)经常关心自己周围的安全生产情况,向有关领导或部门提出合理化建议或意见。

七、木工安全职责

木工的安全职责是:

(1)掌握并认真执行本工种安全技术操作规程,不违章作业,不冒险蛮干;

(2)遵守公司各方面的劳动纪律、管理制度,不破坏或擅自移动安全防护设施;

(3)熟悉木工机械的性能,禁止机具带病运转;

(4)木工机械的安全防护装置不齐全有效时不能上岗操作,机械用完后,开关箱要及时拉闸上锁;

(5)及时清理木屑、刨花,保持木工棚清洁,做到工完场清,同时注意木工棚防火;

(6)高空支模作业,应有可靠的安全防护措施,否则不得施工;

(7)有责任劝阻、纠正他人的违章作业、冒险蛮干;有权拒绝违章指挥、调度及安排;

(8)积极参加各种安全生产宣传、教育、评比、竞赛、表彰、公判活动;

(9)经常关心自己周围的安全生产情况,向有关领导或部门提出合理化建议或意见。

八、钢筋工安全职责

钢筋工的安全职责是:

(1)掌握并认真执行本工种安全技术操作规程,不违章作业,不冒险蛮干。

(2)遵守公司各方面的劳动纪律、管理制度,不破坏或擅自移动安全防护设施。

(3)正确使用劳动保护用品,保护用品配备不齐全时不上岗。

(4)熟悉钢筋机械的机械性能,禁止机械带病运转。及时清理机械旁废钢筋头,做到工完场清。

(5)卷扬机操作者前应设置防护设施,防止被拉钢筋弹回伤人。

(6)半成品材料堆放整齐,并注意成品保护。

(7)有责任劝阻、纠正他人的违章作业、冒险蛮干;有权拒绝违章指挥、调度及安排。

(8)积极参加各种安全生产宣传、教育、评比、竞赛、表彰、公判活动。

(9)经常关心自己周围的安全生产情况,向有关领导或部门提出合理化建议或意见。

九、混凝土工安全职责

混凝土工的安全职责是:

(1)掌握并认真执行本工种安全技术操作规程,不违章作业,不冒险蛮干;

(2)遵守公司各方面的劳动纪律、管理制度,不破坏或擅自移动安全防护设施;

(3)正确使用劳动保护用品,保护用品配备不齐全时不上岗;

(4)打混凝土前、认真检查振捣器的用电安全,用完后及时拉闸断电;

(5)有责任劝阻、纠正他人的违章作业、冒险蛮干;有权拒绝违章指挥、调度及安排;

(6)积极参加各种安全生产宣传、教育、评比、竞赛、表彰、公判活动;

(7)经常关心自己周围的安全生产情况,向有关领导或部门提出合理化建议或意见。

十、瓦工、抹灰工安全职责

瓦工、抹灰工的安全职责是:

(1)掌握并认真执行本工种安全技术操作规程,不违章作业,不冒险蛮干;

(2)遵守公司各方面的劳动纪律、管理制度,不破坏或擅自移动安全防护设施;

(3)正确使用劳动保护用品,脚手架搭设、脚手架板质量及铺设不符合要求时不上岗,脚手架上无防护栏杆及安全网等防护设施时不上岗;

(4)没有可靠的安全防护措施,不进行交叉作业;

(5)脚手板上排放砖、石要负荷均匀分布,不可超负荷堆放材料;

(6)顶棚抹灰时,必须戴上防护眼镜;

(7)有责任劝阻、纠正他人的违章作业、冒险蛮干,有权拒绝违章指挥、调度及安排;

(8)积极参加各种安全生产宣传、教育、评比、竞赛、表彰、公判活动;

(9)经常关心自己周围的安全生产情况,向有关领导或部门提出合理化建议或意见。

十一、玻璃、油漆工安全职责

玻璃、油漆工的安全职责是:

(1)掌握并认真执行本工种安全技术操作规程,不违章作业,不冒险蛮干;

(2)遵守公司各方面的劳动纪律、管理制度,不破坏或擅自移动安全防护设施;

(3)正确使用劳动保护用品,保护用品配备不齐全时不上岗;

(4)油漆材料统一保管,注意防火;

(5)使用手持电动工具前应先检查有无破皮漏电;

(6)玻璃工室外高处作业时,要有可靠的安全防护、安全设施,并注意交叉作业安全;

(7)有责任劝阻、纠正他人的违章作业、冒险蛮干,有权拒绝违章指挥、调度及安排;

(8)积极参加各种安全生产宣传、教育、评比、竞赛、表彰、公判活动;

(9)经常关心自己周围的安全生产情况,向有关领导或部门提出合理化建议或意见。

第三章　施工安全心理

第一节　情绪与安全的关系

一、安全事故中人的因素

人是生产力中最活跃的因素，在导致事故发生的种种原因中，人的不安全因素是一个很重要的原因。要想搞好安全生产，防止事故发生，必须及时矫正各种影响安全的不良心理和纠正各种违章行为。这就要求我们研究并运用安全心理学，探索人的安全心理，从而减少人的不安全因素。

意外事故发生的原因，可分为人的因素和物的因素两个方面。人的因素有疲劳、情绪波动、不注意、判断错误、人事关系等；物的因素有设备发生故障、仪器失灵以及工作条件不良等。物的因素之所以导致事故，又与人的管理不善、维护不良等有关。因此，在人和物这两个因素中，人的因素是主要的、大量的。在生产越来越自动化的情况下，人的劳动由具体操作向感知判断转换，由技能向技术转换，由动向静转换，人的因素就更显得突出。根据研究发生意外事故的原因，人的因素在苏联约占 60%～90%；在日本要占 70%。美国的汽车交通事故 90%是由人的差错造成的。美国三厘岛核电站的事故也主要由操作人员的差错造成。

对事故肇事者个人因素，包括智力、年龄、性别、工作经验、情绪状态、个性、身体条件等的研究表明，智力与事故的发生率并不呈负相关关系。智力高者在从事较为一般的工作时有时也会发生事故；而智力低者在从事智力要求较低的工作时，发生事故的情况并不多。年龄与事故的发生却有明显的联系，很多工种中的事故多发生在年轻工人身上，如在交通事故中，约 70%的事故发生在 30 岁以下的司机身上。情绪因素与工伤事故发生率的关系表明，工人愉快和满足时工伤事故发生率低；愤怒、受挫、忧虑时工伤事故发生率较高。

从人的因素出发解释事故发生的原因时，有两种理论较为流行，一种是事故倾向理论；另一种是生物节律理论。

事故倾向理论假设，事故总是由少数几个人造成的，这几个容易出事故的人，不管工作情境如何，也不管干什么工作，总要出事故。研究也确实表明，50%的事故是由 10%的人造成的。这些人就是所谓的易出事故者，这一理论颇有吸引力。因此，根据这一理论，只要对易出事故的人加以分析，发现他们个性的共同特征，然后把这些共同的个性特征作为标准，就可以预测出易出事故者。这就为减少事故提供了依据。然而对这一理论持反对看法的人也很多。反对者认为，事故倾向不是一成不变的，一个人不是时时处处都易发生事故。有些人做某种工作容易发生事故，而做另一种工作并不发生事故。一个人过去的事故记录并不能作为预测此人将来是否出事故的依据。事故倾向理论者曾以 3 万次交通事故的分析来支持自己的观点。持反对观点的人则对这些统计数字重新加以分析，他们把这些事故分成前三年和后三年发生的，并对之进行比较。结果发现，两个时期的事故并不是同一批人造成的。那些在第一时期被认为是具有易出事故个性特征的人，第二时期都不是事故的肇事者。

生物节律理论认为，人的体力、情绪和智力是起伏变化的，它们各有自己的高潮期和低潮期。体力 23 天、情绪 28 天、智力 33 天为一周期。在高潮期与低潮期相互转移的"临界期"间，由于机体内部发生剧烈变化，往往注意力不集中、心不在焉，所以容易出差错。如果在临界期内多加注意，即可避免事故的发生。节律周期的换算方法是以出生日为基点，将出生日至测定当天为止的总天数分别除以 23 天、28 天和 33 天，其余数即为当天的体力基数、情绪基数和智力基数。对此理论持反对意见的人认为其理论依据不足。这种理论并没有说清为什么以出生日为基点，而不以怀孕日为基点；也没有说清三种周期为什么人人都一样而没有个别差异。而且宣传这三种节律只会使人盲目乐观、忽视安全。

为防止意外事故的发生，安全心理学提出一些对策，如从业人员的选拔（即职业适宜性检查），机器的设计要符合工程心理学要求，开展安全教育和安全宣传，以及培养安全观念和安全意识等。

作为生产管理人员，应深入学习并掌握安全心理学，原因在于：第一，可以为工程技术设计部门提供心理学依据和参照，使机器设备的设计和制造不仅能具备改造劳动对象的优良性能，而且更符合人的心理特征和行为规律，即具有适宜人的特性；第二，可以为生产所处的自然环境的改善和改造提供指导，使之更能发挥人的创造性和积极性；第三，可使安全管理部门制定更加合理和科学的安全法规、条例、制度等，提高安全管理科学水平；第四，可以为提高对职工进行安全教育的效果提供更具说服力的理论、方法和手段，有助于增强职工的安全意识；第五，可以为人们分析事故发生的原因提供深层次的解释，从而帮助人们找到预防事故的更具针对性的措施和办法。

人的情绪、情感一旦发生，反过来就会引起相应的生理变化，影响人的认知态度，从而影响人的认知水平和效果，进而对操作行为发生影响。而在生产中能否保证安全，和操作行为有着直接的密切关系。如果由情绪情感所引起的生理变化降低了人对客观事物的认知水平和效果；或者它直接干扰了正确的操作行为，导致误操作发生，那么，事故就在所难免。不仅如此，情绪、情感还可以直接通过影响认知而影响操作。这种影响，既可以产生增力性的正效应（它保证操作灵活、有效、可靠），也可以产生减力性的负效应（它干扰正确操作，增加误操作的机率）。前者能保证安全，后者将导致事故。情绪、情感对安全或事物发生影响的一般机制可简单归纳为如图 3-1 所示的模式。

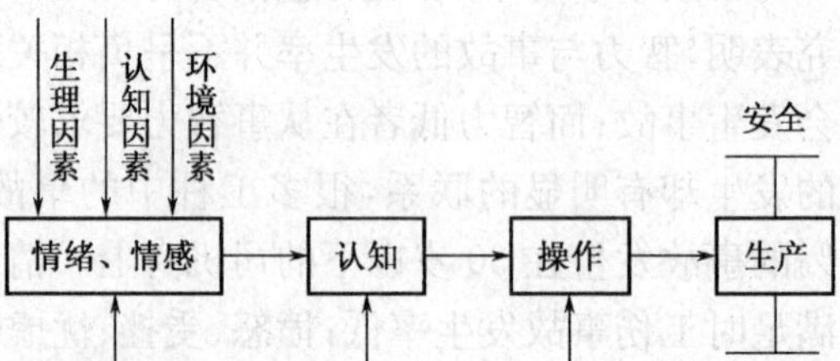

图 3-1　情绪与情感影响安全的模式图

二、情绪状态与安全

依据情绪发生的强度与延续时间的长短，可以把情绪分为不同的状态心境与安全心境，俗称心情。对个体而言，它是人的比较长时间的微弱、平静的情绪状态。对群体来说，则为"心理气氛"。心境不是对于某一件事的特定体验，而是弥散性的一般情绪状态，往往在一个较长时间内影响一个人的所有活动，蔓延范围较大。在日常生活中常常见到这种情况：一个人心情好，看什么都好，都满意；心情不好时，看什么都不顺眼，心烦易怒。

心境有积极和消极之分。积极的心境是一种增力性情绪。它可以使人心情愉快、思维敏捷，充满克服困难的信心，因而有利于劳动效率的提高，对保证安全是一种有利因素。消极的心境是一种减力性或负性情绪，它容易使人产生懒散，不愿动，精神萎靡不振，感受能力下降，思维迟钝，对活动提不起兴趣，思想和注意力不集中。对引起自己心情不好的某些事件或因素总是萦绕脑际，挥之不去，出现“白日梦”，经常愣神或发呆。显然，这对安全是一种威胁，也是造成事故的隐患。

引起心境变化的原因很多：客观因素，如生活中的重大事件、家庭纠纷、事业的成败、工作的顺利与否、人际关系的干扰等；生理上，如健康状态、疲劳、慢性疾病等；气候因素，如阴天易使人心情郁闷，晴好天气则使人心情开朗；环境因素，如工作场所脏、乱，粉尘烟雾弥漫，易使人产生厌烦、忧虑等负面情绪。

第二节　容易发生事故的心理状态

仅仅依靠一系列的安全规章制度、措施条例搞不好安全工作。施工人员没有安全常识、安全意识淡薄，一旦具备事故苗头，又不采取任何措施，就很容易造成严重事故。只要是有游击队似的“三工”存在，那就是安全工作的“薄弱地带”，更要进行耐心细致的思想工作。研究其心理特点，注意工作方式方法，才能起到很好的作用。

人的行为过失、不安全行为及不安全状态，都可直接导致事故的发生。而这些在大多数情况下都是由于人的思想、行为相对于安全规程及安全状态发生了偏差而造成的，这种偏差产生的原因，就是人的心理活动的结果。

人是机械设备的操作者。人在生产活动中是最最重要的主宰者，人的一切语言、行动都要受心理活动的支配。所以，对施工车辆、机械、设备的操作者来说，他的喜怒哀乐都直接影响到操作者本身的安全，甚至还关系到他人及设备的安全。特别是作为特种作业人员，必须要有一种稳定的心态，只有这样，才能保障自身、他人及设备的安全。

客观上，在一个系统的组合、设备的运转、人员的操作等过程中，发生事故的可能性或者说安全管理潜在危险总是存在的。由于人员的心理不良，有时可能成为事故的“触发”因素。有时当其他原因引发事故时，由于操作人员心理因素关系，可能使可以避免的事故没有避免，甚至人为地扩大了事故。所以，事故发生前的心理状态分析，也极为重要。

一、疲　劳

(一)疲劳的概念与危害

疲劳是一种非常复杂的生理和心理现象，它并非由单一的、明确的因素构成，目前对疲劳的定义也有很大的差异。一般来说，在生产过程中，劳动者由于心理生理的变化，产生某一个或某些器官乃至整个机体力量的自然衰竭状态，称为疲劳。疲劳感好似人对疲劳的主观体验，而作业效率的下降是疲劳的客观反应，无论脑力作业、体力作业、技能作业，还是人机系统中的效能和健康都会因疲劳而受到影响。疲劳是一种生理现象，也是一种心理现象。从本质上讲，疲劳是人的一种正常的生理保护机制。

疲劳是劳动的结果。劳动者在连续工作一段时间后，由于长时间的紧张的脑力或体力活动导致整个身体的机能降低。从生物学的理论上看，劳动是能量消耗的过程，这个过程持续到一定程度，中枢神经系统将产生抑制作用。继中枢神经系统疲劳之后，是反射运动神经系统的疲劳。反映出动作的灵敏性下降，作业效率下降。

【案例】　1978 年 12 月 16 日，由于牵引 368 次旅客列车的正副司机同时打瞌睡，陇海东线发生了震惊世界的杨庄事故，死亡106人，重伤47人，轻伤171人。

(二)疲劳的分类

疲劳的分类方法很多，工作性质不同，产生的疲劳现象也不同，较为合理的分类是体力疲劳和精神疲劳两种现象。为了能够更深刻认识疲劳的机理，可对疲劳进一步分类。

(1)局部疲劳：作业中使用的部位不同，参与作业的部位由于紧张，活动频率高，在相应的局部首先产生疲劳。

(2)全身性疲劳：一般是全身参与较繁重的体力劳动所致，也可能由于局部肌肉疲劳逐渐扩散而使其他肌肉疲劳连带产生的全身性反应，主观疲倦感为疲乏，关节酸痛。客观上产生操作迟钝，动作不协调，思维混乱，视觉不能追踪，错误增加，作业能力下降。

(3)智力疲劳：智力疲劳是指长时间从事紧张的思维活动所引起的头昏脑胀，失眠或贪睡，全身乏力，没精打采等表象。

(4)技术疲劳：技术疲劳是需要脑力、体力劳动并重，尤其是神经系统相当紧张的劳动而引起的疲劳，如驾驶飞机、驾驶汽车、操纵设备等。其疲劳的倾向性由作业时脑体参与的程度而定。

(5)心理性疲劳：单调的作业内容很容易引起心理性疲劳。例如火车仪表工人，表面上坐在那里“悠闲自在”，实际上并不轻松，信号率越低越容易疲劳，使警觉性下降。这时体力上并不疲劳，而是大脑皮层的一个部位经常兴奋引起的抑制。

(三)疲劳与安全的关系

1. 疲劳的一般规律

(1)疲劳可以通过休息消除：年轻人比老年人疲劳消除的快，因为年轻人机体供血、供氧能力强，在作业过程中较老年人产生的疲劳要轻。体力疲劳比精神疲劳消除的快。心理上造成的疲劳常与心理状态同步存在和消失。

(2)疲劳有累积效应：未消除的疲劳能延续到次日。当重度疲劳后，次日仍有疲劳症状，这是疲劳累积效应的表现。

(3)疲劳程度与生理周期有关：在生理周期中机能下降时发生疲劳较重，而在机能上升时发生疲劳较轻。

(4)人对疲劳有一定的适应能力：机体疲劳后，仍能保持原有的工作能力，连续进行作业，这是人在体力上精神上对疲劳的适应性。工作中有意识地留有余地，可以减轻作业疲劳。

2. 疲劳与消除疲劳的关系

(1)疲劳的产生与消除是人体正常生理过程，作业产生疲劳和休息恢复体力，这两者多次交替重复，使人的机能和适应能力日趋完善，作业能力及作业水平不断提高。

(2)人在作业时消耗的体力，不仅在休息时能得到恢复，在作业的同时也能逐步恢复。但这种恢复不彻底，补偿不了体力的整个消耗，对精神上的消耗同步恢复很困难。因此，在脑力劳动后，必须保证适当的合理的休息。

(3)疲劳与消除疲劳的相互作用是适应生理心理过程的动力平衡，作业消耗体力越多，疲劳越快，刺激恢复的作用就越强。实质上疲劳是人体中枢神经产生的保护性抑制，这种抑制作用刺激着机体恢复过程。

3. 疲劳的积累

人体疲劳是随工作过程的推进逐渐产生和发展的。按照疲劳的积累状况，工作状况一般分为以下4个阶段。

(1)工作开始阶段,人体的工作能力没有完全被激发出来,处于克服人体惰性的状态,这时不会产生疲劳。

(2)工作高效阶段,经过短暂的第一阶段后,人体逐渐适应工作条件,人体活动效率达到最佳状态并能持续较长时间。只要工作强度不太高,这一阶段不会产生明显疲劳。

(3)疲劳产生阶段,持续较长时间地工作,伴随疲劳感增强,导致个体工作效率下降,出现了工作兴奋性降低等特征。进入这一阶段的时间依据劳动强度和环境条件而有很大差别。劳动强度大,环境差时,人体保持最佳工作时间就短,反之,维持在上一阶段的时间就会延长。

(4)疲劳积累阶段,疲劳产生后,应采取相应的措施减轻疲劳。否则由于疲劳的过度积累,会导致人体暂时丧失工作能力,工作被迫停止,严重时容易引起作业者的身心损伤。

疲劳的积累过程可用"容器"模型来说明,在作业过程中,作业者的疲劳受很多因素影响,如工作强度、环境条件、工作节奏、身体素质及营养等。"容器"模型把作业者的疲劳看成是容器内的液体,液面越高,表示疲劳越大,疲劳源不断地加大疲劳程度,犹如向容器内不断地倾倒液体一样,液面越高,表示疲劳越大,液面升高到一定程度,必须打开开关,降低液面。容器打开开关的功能犹如人体在疲劳后的休息,容器的大小类似于人体的活动极限,溢出液体意味着疲劳程度超出人体极限。只有不断地休息,才不至于对身体构成危害。

(四)预防和降低疲劳的途径

1. 合理设计作业的用力方法

合理用力的一般原则:用力方法应当遵循解剖学、生理学和力学原理及动作经济原则,提高作业的准确性、及时性和经济性。

(1)随意性原则;

(2)平衡性原则,在作业中,采取平衡姿势;

(3)经济性原则;

(4)降低动作等级原则;

作业时,要有正确的作业姿势和体位。任何一种作业都应选择适宜的姿势和体位,用以维持身体的平衡与稳定,避免把体力浪费在身体内耗和不合理动作上。

2. 合理安排作业休息制度

休息是消除疲劳最主要的途径之一。无论轻劳动还是重劳动,无论脑力劳动还是体力劳动,都应规定休息时间。休息的额度、休息的方式、休息时间的长短、工作轮班及休息日制度等应根据具体作业性质而定。如果劳动强度大,工作环境差,需要休息的时间长,休息的次数多。若体力劳动的强度不大,而神经或运动器官持续紧张的作业,应实行多次短时间休息。

3. 克服工作内容单调感

单调作业是指内容单一、节奏较快、高度重复的作业。单调作业所产生的枯燥、乏味和不愉快的心理状态,称为单调感。单调作业种类很多,如从事流水生产线上的检查作业和装配作业等。使用机器和工具进行简单、重复操作。单调作业的特点是作业简单、变化少、刺激少、引不起兴趣;受制约多,缺乏自主性;容易丧失工作热情;对作业者技能、学识等要求不高,易造成作业者消极的情绪;只完成工作的一小部分,对整个工作的目的、意义体验不到;作业只有少量单项动作,周期短,频率高,易引起身体局部出现疲劳和心理厌烦。

(1)单调作业引起疲劳的原因

单调作业虽然不需要消耗很大的体力,但千篇一律重复出现着的刺激,使人的兴奋始终集中于局部区域,而其周围很快会产生抑制状态,并在大脑皮层质中扩散,经过一段时间,就会出现疲劳现象。此外,随着技术不断进步,劳动分工越来越细,使作业在很小的范围内反复进行,这种高度单调的作业,压抑了作业者的工作兴趣,引起极度厌烦和消极情绪,产生心理疲劳。其主要表现为感觉体力不支、注意力不集中、思维迟钝、懒散、寂寞和欲睡等。

(2)单调感的特点

单调感直接影响工作效能。作业时产生的单调感,影响作业者的情绪和工作状态,提前产生疲劳感,造成工作效率降低,错误率增加,工作质量下降。单调感与生理疲劳不同。疲劳产生于繁重劳动和紧张工作后,有渐进性、阶段性,表现作业能力降低。而单调感在轻松的作业中也会发生,起伏波动,无渐进性、阶段性,作业能力时高时低、不稳定。

(3)避免单调的措施

①培养多面能力,变换工种。从事基本作业的工人兼做辅助作业或维修作业;工人兼做基层管理工作。

②工作延伸。按工作进程延续扩展工作内容,如参与研究、开发、制造等,激发工作热情和创造力。

③操作再设计。在操作设计上根据人的心理和生理特点进行重组,如合并劳动、合并工序,使工作多样化、丰富化。

④显示作业的终极目标。设立作业的阶段目标,使作业者意识到单项操作是最终产品的基本组成。中间目标的达到,会给人以鼓舞,增强信心。

⑤动态信息报告。在工作地放置标示板,每隔一段时间向工人报告作业信息,让工人指导自己的工作成果。

⑥推行消遣工作法。作业者在保证任务完成的前提下,可以自由支配时间,如弹性工作制等,这样会使时间浪费减少,充分利用节约的时间去休息、学习、研究,提高工作生活质量。

⑦改善工作环境。可利用照明、颜色、音乐等条件,调节工作环境,尽可能适宜于人。

⑧改进生产组织与劳动制度。生产组织与劳动制度是影响疲劳的重要影响因素之一。包括经济作业速度、休息日制度、轮班制等。

图 3-2 疲劳驾驶导致事故

【案例】 2009 年 5 月 31 日,一辆载有 4 名技术人员的工作用车在建设中的京沪高速铁路镇江段行驶时,不慎坠落,造成 3 人死亡,1 人重伤,图 3-2 为事故现场。

二、责任心不强

责任心不强表现在:有的人工作作风散漫,什么事都敷衍了事,有的人脑子里想的是金钱,对主业工作不感兴趣;有的人图省事,不严格要求,不按章办事等;总之,责任心不强表现在方方面面。

由于工作不安心,产生厌倦心理,认为自己大材小用,工作敷衍塞责,马虎凑合,也容易发生事故。有的人认为工作任务简单,小事一桩,边做边想其他的事,结果造成事故。

【案例】 错误使用中线导致隧道测量偏差

(1)事故概况

某隧道于2006年1月10日开始进场,1月15日至17日与设计院交接桩,在现场点收桩位后,进行书面交接资料。接桩后作业队根据接桩资料进行场地布置,并测放线路中线。

测量总队于2月7日至16日对隧道线路测量控制桩进行复测,本次测量确认了设计院提供的线路测量控制桩点可用。

精测组于8月10日至15日再次进行复测,主要涉及洞内外联测(平面及高程)、洞内放样结构尺寸等,未发现隧道中线有误。

11月10日,在进行大标段测量控制桩升级埋桩时,发现隧道中线与相邻大桥左线中线基本重合,经多次联测确认,现施工的隧道中线为设计线路左线中线,即隧道进、出口,误将隧道左线中线错用为隧道中线。此时进口上断面开挖220 m(其中Ⅳ级围岩40 m,Ⅲ级围岩180 m),完成初期支护94 m;出口上半断面开挖初期支护40 m,溶洞段28 m(此段因与设计地质不符,拱架已部分变形,基础承载力不够,业主已批复按变更处理)。

(2)事故原因分析

①作业队技术管理不严,对铁路规范学习不够,图纸审核不细,重要的测量技术交底未认真复核;测量人员将隧道左线中线误用为隧道中线。

②精测组进行复测时没有严格进行测量放样资料的复核及贯彻实施"换手"测量的要求。

③项目部在施工管理过程中,技术督导工作不到位。

④设计方的交桩资料未明确指出本线路中线是采用线路左线中线。设计方在向施工单位及监理单位提交测量资料时,没有把测量资料的附件作为交桩资料的组成部分一并交与项目部及监理单位。

【案例】 工作失误导致隧道测量偏差

(1)事故概况

某隧道进洞施工前,测量总队于2004年12月下旬完成交桩复测及洞外控制点加密工作。2006年1月16日,根据指挥部的要求,测量总队对隧道中线进行了复测,发现精测组在隧道洞内所设置的中线控制点ZD1、ZD2存在较大偏差,已导致距离洞口约700 m处已衬砌左侧边墙最大侵限10.9 cm。依据这个测量成果,影响衬砌长度约218 m。

2006年1月22日开始,精测组对测量总队1月16日的测量成果进行了复测。精测组复测结果表明,隧道洞内当前使用的中线确实存在偏差,但偏差值比集团公司测量总队结果略小,已衬砌左侧边墙最大侵限值应为8 cm。根据工区提交的中线调整方案,指挥部同意立即按照集团公司测量总队测量结果进行矫正。

2006年6月6日,指挥部下达了书面调度通知单,要求两级测量队进行联合测量。2006年6月17日测量总队和精测组开始联合测量。两级联合测量成果确认,精测组2006年1月22日的复测认定的隧道中线偏差值是正确的。2006年6月22日,指挥部要求工区以联合测量成果对隧道衬砌净空断面进行了重新检测,测量结果表明389 m的隧道二衬断面存在侵入设计内轮廓线的情况,最大侵限值为9.54 cm。

隧道于2006年12月8日贯通,12月21日开始贯通测量,最后进行折线调整。调整长度约250 m,最大凿除厚度为5 cm。

(2)事故原因分析

①2005年8月21日精测组提交的隧道复测、加密测量成果中的洞内控制点ZD1、ZD2,是在没有对测量总队加密点Z3D174-1及其支线进行检核的情况下设置的,该两点事后经两级测量队核实,分别偏离设计中线2.4 cm和4.4 cm。这是造成隧道施工中线偏差以及衬砌侵

入设计内轮廓线的主要原因。

②2005 年 8 月 21 日，在精测组对隧道中线复测所放中线与项目部之前所放中线（事后表明是正确的）存在较大差异时，工区未及时向指挥部上报、未主动要求精测组重新复测确认，未能及时发现、制止隧道中线发生偏移。

③指挥部在 2006 年 1 月测量总队复测时发现隧道中线偏差并通知精测组现场复核出现偏差上的误差后，虽多次电话要求两级测量队联合确认，在没有结果的情况下，直至 6 月 6 日才发出调度通知，处理问题不够坚决彻底。

三、侥幸心理

企图意外地免去不幸或可能获得成功的心理即侥幸心理。有的人总是以为“就这一次，不会发生什么问题”、“没关系，以前有一次我这么干过”、“不会那么巧，灾难不会落到我头上”，结果图省事，明知故犯，导致事故发生。

可以这么说，凡是知道操作行为有一定危险，但仍然冒险操作的人，都可以认为是存有侥幸心理的。在侥幸心理驱使下的冒险行为所带来的好处有多种多样，如省时省事，收入提高，减少疲劳，引起羡慕，社会心理满足等，侥幸心理是职工冒险和违章的重要因素。

发生在杭州造成 11 辆汽车沉陷、8 人死亡、13 人下落不明的地铁工地重大塌陷事故暴露出 5 个方面的问题：一是企业安全生产责任不落实，管理不到位；二是对发现的事故隐患治理不坚决、不及时、不彻底；三是对施工人员的安全技术培训流于形式，甚至不培训就上岗；四是劳务用工管理不规范，现场管理混乱；五是地方政府有关部门监管不力。

有安全专家指出，在 100 起事故中，有 88 起纯属人为，有 10 起是人和物的不安全状态造成，只有 2 起是所谓的“天灾”，是难以预防的。所以，当生产上发生了不安全现象而查找原因时，大多数人不假思索都脱口重述着相同的原因：安全意识不强，存在侥幸心理。在杭州“11 · 15”事故中，整个生产过程从施工单位到监管单位都抱着侥幸的心理，正是“侥幸”这种自欺欺人的心态导致了重大的人员伤亡和财产损失。

【案例】 贵开公路小尖山大桥垮塌

(1)事故概况

2005 年 1 月开工建设，全长 155 m，桥墩高度 47 m，最高支架 50 m，大桥一跨长 65 m。2005 年 12 月 14 日凌晨 5 时 30 分，正在施工的贵州省贵阳市至开阳县高等级公路小尖山大桥发生垮塌事故，7 人死亡，15 人受伤，事故现场如图 3-3 所示。

(2)事故原因

①高达 50 m 的满布脚手架的方案本身就存在极大风险。

②架设中任何细小环节的失误均有可能导致灾难性后果。

在生产监管过程中，有的监管人员麻痹大意心存侥幸，总是以为生产单位自己会为了前途做好各项安全措施，以致“在其位不谋其政”，对生产单位缺乏必要的监督管理，“侥幸”和“安全事故”构成了因果关系。侥幸心理是安全生产的大敌，也是生产的最大安全隐患。

【案例】 侥幸心理导致行车事故

(1)事故经过

2008 年 3 月 8 日 18 时 19 分，57031 次路用列车（编组 36 辆、总重 2 128 t、换长 48.7，DF47618 机车）以 20 km/h 的速度，运行至沪昆竹冲站内 4 号道岔 K1242＋626 处，机后第 32、33 位在脱轨，停于沪昆下行线 K1243＋157 处，脱轨车辆台车散架、车体倾斜，侵入了沪昆上行线。8 日 20 时 48 分开通上行线，中断上行正线行车 2 小时 29 分钟。9 日 1 时 18 分复旧过程中，救援起重机吊臂在空载回转时发生故障倾倒，再次影响上、下行正线行车。经抢修，9 日 9 时 48 分开通下行线，10 时 15 分开通上行线。

(a)垮塌前　(b)垮塌后全貌

(c)垮塌后脚手架　(d)垮塌后梁端

图 3-3　贵开公路小尖山大桥垮塌事故现场

此次事故造成损坏线路 96 m、木岔枕 22 根、轨道电路连接线 6 根、车辆报废 2 辆，影响沪昆线行车 15 小时 29 分钟，构成铁路交通较大事故。

(2)事故原因分析

广州工务机械段在衡阳西站专用线撞轨时，违反了《无缝线路大中修作业标准》(TB/T 2658.2—1995)中第 4.2.5.5～第 4.2.5.7 条的有关规定，同时，也违反了沈阳机车车辆工厂《THA 型 4 层 500 m 长钢轨车组使用说明书》(试行)中第 4.2.3 条“拨动长钢轨对好横向位置，翻上间隔铁，并用锁定压铁将长钢轨锁定”的规定，第 5 至第 33 位车中部间隔铁装置均为向上翻起，造成长钢轨横向未锁定，在经过竹冲站 2/4 道岔曲线时，因长钢轨偏载，车辆中心向曲线下股偏移，加上长钢轨运行在曲线上产生的横向摆动力，造成曲线上股车轮悬浮后爬上钢轨，是事故发生的主要原因。

伸缩壁式起重机(NS1601F 型 1032 号 160 t)自 1 月 13 日编入株洲机务段株洲救援车间后，保修期内多次出现故障，北车集团齐齐哈尔轨道交通装备有限责任公司未将故障彻底消除，在本次事故复旧过程中，吊机力矩限制器故障短路、电源盒电源线烧损，失去显示、预警和限动安全保护作用，致使吊机空载回转过程中倾倒，是构成事故的重要原因。

在吊机故障的情况下，株洲机务段救援作业人员心存侥幸心理，没有充分考虑到现场客观不利条件，事故应急救援过程中，没有采取更保险的安全措施，加之新吊机厂家交车时间晚，疲劳作业，在一定程度上影响了司机对新型吊机的演练，作业者熟练程度不高，是构成事故的次要原因。

四、捷径心理

捷径反应是人类行为的共同特征，图省事，走捷径的心理人皆有之。主要表现在怕麻烦，图省事，凭直观，过于自信，仅看某一事物的一点，不假思考和分析，就盲目作业，从而导致事故发生。实际上，捷径心理是由人类追求个人利益最大化的需求而产生的。这里所说的个人利益是广义概念，包括多挣钱、省时间、少费力、图舒服、获得尊重等。在企业生产过程中，捷径心理的表现形式多种多样，常见的是在要钱不要命的错误思想支配下，只讲进度效率，不要安全；只抓生产，不讲安全，不愿意受安全规则的制约，简化必不可少的操作步骤，或违反操作规程，结果往往导致事故发生。例如，2002 年 4 月 23 日 8 时 54 分，郑州开往乌鲁木齐的 T197 次旅客列车运行至陇海线李家坪车站 9 号道岔处，机车后第 8 位一台车脱轨，继续走行 520 m 停车，此次事故造成客车中破一辆，钢筋混凝土枕报废 776 根，构成大事故。经调查，原因是施工单位违反工程验交程序，在工程未达到验交标准的情况下请求验交线路，抱着走捷径的心理，且对开通后线路存在的质量问题没有整修，导致台车爬上钢轨，酿成事故。

走捷径是人们在长期的生活中养成的一种心理习惯，做事情想当然。例如，有一位驾驶员驾驶随车吊吊装完货物后，要到距离不远的另一现场吊卸，为了图省事，收回吊臂后没有把随车吊的吊钩固定，就驶往另一施工现场，随车吊的吊钩左右摆动，打在公路边骑自行车人的头部，造成骑自行车人当场死亡。

五、思想麻痹

这里所指的是疏忽大意，失去警惕性。这种情况可能发生在没有经验的青年工身上，因为他们遇到的事故不多，不知有些险情已预示着需要及时处理。这种情况也发生在有经验、有技术的职工身上，因为他们认为“这种工作不知干过多少次了，不会有危险”、“设备情况好不会有事”，因而放松警惕，操作人或监护人就不那么谨慎和思想集中了。

在这样的心理状态支配下，作业者往往心不在焉，凭经验、印象、习惯进行操作，检查时走马观花，作业时漫不经心，没有意识到操作方法有错误，在作业过程中，也没有注意到出现异常情况。当突然出现与预料相反的客观条件变化时，由于没有心理准备，原有定势遭到破坏，因此往往表现为惊慌失措，手忙脚乱，未能采取有力措施，终于造成事故。生产现实中的类似例子比比皆是。

【案例】 思想麻痹违规抽换轨枕致列车颠覆事故

2000 年 6 月 14 日 17 时 15 分，广州开往乌鲁木齐的 X295 次行包快运专列车运行至兰新下行线梧桐泉至许三湾间 K644＋352 处，机车第 8 至第 18 位脱轨颠覆。此次事故造成车辆报废 6 辆，大破 2 辆，中破 3 辆，损坏轨枕 350 m，混凝土轨枕 568 根，直接经济损失 214 万元，构成重大行车事故。经调查，兰州工务大修段违章抽换轨枕，在没有限速条件下，连续四根新换轨枕无道砟，无道钉，无垫板，致使线路稳定性遭到破坏。个别干部盲目抢时间，赶进度，职工凭经验办事，新聘任人员对自己要求不严，违章指挥，既无卡控措施又无安全保障，在线路不具备放行车辆条件下盲目放行列车，导致事故发生。

六、意识迂回

意识迂回又称白日梦。这是一种由内心引发的不注意现象。它的表现是意识处于朦胧安全管理状态，注意的对象在内心。好像在凝视某个对象，实际上视而不见，充耳不闻，心不在焉，木然地处于白日做梦的状态。所以，白日梦的心理状态对安全威胁很大。

【案例】 意识迂回致支架伤人事故

(1)事故经过

2009 年 7 月 20 日 13 时 30 分，京沪高速铁路某桥梁施工工地，施工人员赵琳标生产中拉移支架时，由于事前未能对支架进行全面细致检查，没发现支架前立柱进液管接口的"U"型销只是插进一半且插接不牢，在进行降架过程中，液压管突然脱出，抽击在赵琳标的头上，造成赵琳标当场晕厥。

(2)事故原因

①伤者赵琳标安全意识不强，意识迂回，工作流程控制不严不细，未在工作前对设备进行全面细致检查。

②当班班长现场巡查不到位，对工作面设备存在隐患排查不细致。

③工区安全教育培训不到位，不能够教育引导职工熟练掌握本职岗位技能，树立安全第一的思想。

七、盲目自信

有的老值班员认为自己干了十几甚至几十年的工作，管道怎么走，阀门开多少一清二楚，图纸全在脑子里，不会有事，凭经验工作。可是人总有迷糊的时候，一不留神就会出现失误，造成事故。这种盲目自信是过分相信自己的本领，存在怕损害自尊心的心理状态。

还有一种盲目自信，与保守的心理联系在一起，因循守旧，沿用落后的工作方式，拒绝学新知识，新技术，客观上由于先学的东西对后学的东西有干扰作用，这对安全也是不利的。

八、不懂装懂

不懂装懂是虚荣心在作怪。没有知识，硬要显示自己知识丰富；没有技术，装作技术高明的样子；明明没有懂，还不负责任的下结论。所以，提高思想水平，消除虚荣心理也很重要。

九、好奇心理

好奇心理是指一个人积极探究某种事物的认识倾向。好奇心理是由兴趣驱使的，兴趣是人的心理特征之一。本来这种心理有积极的一面，但在生产的过程中，若不恰当地将好奇心理付诸好奇行动，就可能变成事故的祸根。这种事情往往发生在新进厂的工人和刚毕业的学生身上，他们在跟师傅巡回检查的时候，看到什么都好奇，都想摸摸，但他们还没有掌握规章制度、脑子里还没有安全概念，任凭好奇心和某种感情驱使做出某种举动，是一定会出事的。

2004 年，中铁建某隧道掘进施工中发现暗河，6 名工人在好奇心的驱使下，进入暗河捉鱼，造成 5 人失踪。

十、情绪异常

情绪低落或情绪过于兴奋，都可能成为事故苗头。操作人员如遇到夫妻吵架、失恋、安全管理与领导闹别扭等心理不痛快时，消极情绪占了上风，可能有烦躁、消沉、怨恨等不良心境，必会引起注意力不集中、心不在焉、忘掉按规章办事等，出事故的可能性很大。兴奋是一种积极的情绪，可能产生一种好的心境，但过于兴奋，忘乎所以，也会神魂颠倒，违反常规，导致事故。

引起情绪异常的原因很多:人生的重大事件,如升学、晋级、获奖、提职等,会给人带来生活上的重大转折,因而易使人发生激情;强烈对立的意向冲突,如“自己这么想,偏偏那么来”,结果是喜(祸)从天降,大大出乎本人原先的预料,由于原先心理准备不足,造成情绪状态的大起大落;过度抑制的突发,使人难以自持,造成情绪异常。

情绪异常有积极和消极之分。积极的激情能鼓舞人们积极进取,为正义、真理而奋斗,为维护个人或集体荣誉而不懈努力,因而对安全是一种有利因素。但在消极的激情下,认识范围缩小,控制力减弱,理智的分析判断能力下降,不能约束自己,不能正确评价自己行为的意义和后果。或趾高气扬,不可一世;或破罐破摔,铤而走险,丧失理智,忘乎所以,冒险蛮干。负面激情不仅会严重影响人的身心健康,而且也是安全生产的大敌,导致事故的温床。因此,无论是在生产过程中还是在日常生活中都应竭力避免,否则会带来严重后果。

十一、逆反心理

由于批评、教育、处罚方式不当,容易产生对抗心理,正好是一种与正常行为相反的叛逆心理。另外,对各种安全法规,规章制度缺乏理性认识,也可能会对企业的安全生产要求产生一种反感心理,这直接影响到他们的安全意识。

心理学家认为,人的动机具有内隐性的特征,逆反心理便是这种内隐性的特征之一。逆反心理往往在年轻人身上比较明显,其表现一般是“你让我这样做,我偏要那样做”。逆反心理通常是在受到处罚或思想上带有某种偏见时产生的,有了逆反心理,会引起心理上的不快,产生与领导或规章制度的抵触和对抗情绪。逆反心理的行为表现一般有两种:一种是明着故意和安全操作规程或有关制度对着干;另一种是隐蔽的抵触行为,阳奉阴违,过后不久,又故态复萌,我行我素。

十二、心理素质问题

具体表现为心理素质不适合从事某项工作。意志薄弱(胆子小、遇事发慌),关键时刻技术要领、技术规范掌握不全。有的职工看到领导在就紧张,会说的说不出来;有的遇到突发事故就发慌,不知道该干什么或误操作;有的员工有恐高心理,站到锅炉顶上腿就打哆嗦;有的司机好胜心急喜欢开快车。心理素质不过关,掌握的技术就发挥不出来,仍然会出事。

十三、逞能好强心理

争强好胜和强烈自我表现欲属于高层次需要,这种需要较强烈的人,可以牺牲安全需要为代价换取逞能好强心理的满足。有逞能心理的人虽然对安全知识略知一二,但往往在其逞能心理支配下,为表现自己,头脑发热,产生盲目行为,结果却事与愿违,酿成事故。

逞能好强心理是青年人较普遍的心理特征,一些年轻人会在这些心理的驱使下,头脑发热,干出一些冒险的,愚蠢的事情,使一些本来不该发生的事情发生了。

十四、屈服心理

屈服心理多数是在某些权势的压力下形成的。由于人们预期有权势的人会在其指令被违抗的情况下采取制约自己的措施,从而在权势面前妥协让步,放弃原则,违心地发生违章作业行为。

屈服心理的另一种表现是从众行为。具有这种心理因素的人,常常看到别人或大多数人怎么做，他也随波逐流跟着做，否则会感到不合群，不近常理，怕被别人笑话，屈服于传统的习惯势力和舆论压力。这种心理往往具有一定的传染性和蔓延性，严重地威胁安全生产。

十五、恐惧心理

由于某些工种或岗位发生事故频率高，使一部分职工产生了谈虎色变的心理，思想胆怯，工作缩手缩脚，心神不安；也有的在突如其来的变故面前缺少心理准备和承受能力，惊慌失措或束手无策，导致反射性行为而发生伤害事故。

目前在建的高速铁路很多位于山区，施工便道驾驶条件差，一遇到雨、雪、雾等特殊天气时，对于经验不太丰富的驾驶员就有一种恐惧心理，极易造成安全事故。

十六、爱美心理

这里的爱美心理实际上来自于人的社会交往需要和尊重需要，即人们希望通过自身的外在形象，给周围的其他人以某些方面的吸引力，从而增加自己社会交往的机会和地位。爱美之心，人皆有之，爱美本身并不是坏事。在企业生产过程中，会有一些职工，特别是青年人，将不适合生产作业的爱美心理带进生产岗位或工作现场，产生不安全行为。

第三节　影响人安全行为的因素分析

人的安全行为是复杂和动态的，具有多样性、计划性、目的性、可塑性，并受安全意识水平的调节，受思维、情感、意志等心理活动的支配，同时也受道德观、人生观和世界观的影响；态度、意识、知识、认知决定人的安全行为水平，因而人的安全行为表现出差异性。不同的企业职工和领导，由于个体素质的不同，会表现出不同的安全行为水平；同一个企业或生产环境，同样是职工或领导，由于责任、认识等因素的影响，因而会表现出对安全的不同态度、认识，从而表现出不同的安全行为。要达到对不安全行为的抑制，面对安全行为进行激励，需要研究影响人行为的因素。

一、影响人的安全行为的个性心理因素

(1)情绪对人的安全行为的影响。情绪为每个人所固有，是受客观事物影响的一种外在表现，这种表现是体验又是反应，是冲动又是行为。从安全行为的角度看，情绪处于兴奋状态时，人的思维与动作较快；处于抑制状态时，思维与动作显得迟缓；处于强化阶段时，往往有反常的举动，这种情绪可能导致思维与行动不协调、动作之间不连贯，这是安全行为的忌讳。当不良情绪出现时，可临时改换工作岗位或暂时让其停止工作，不能把因情绪可能导致的不安全行为带到生产过程中去。

(2)气质对安全行为的影响。气质是人的个性的重要组成部分。它是一个人所具有的典型的、稳定的心理特征。气质使个人的安全行为表现为独特的个人色彩。例如，同样是积极工作，有的人表现为遵章守纪，动作及行为可靠安全；有的人则表现为蛮干、急躁，安全行为较差。因此，分析职工的气质类型，进行合理安排和支配，对保证工作时的行为安全有积极作用。人的气质分为四种：①多血质，活泼、好动、敏捷、乐观，情绪变化快而不持久，善于交际，待人热情，易于适应变化的环境，工作和学习精力充沛，安全意识较强，但有时不稳定；②胆汁质，易于激动，精力充沛，反应速度快，但不灵活，暴躁而有力，情感难以抑制，安全意识较前者差；③黏液质，安静沉

着，情绪反应慢而持久，不易发脾气不易流露感情，动作迟缓而不灵活，在工作中能坚持不懈、有条不紊，但有惰性，环境变化的适应性差；④抑郁质，敏感多疑，易动感情，情感体验丰富，行动迟缓、忸怩、腼腆，在困难面前优柔寡断，工作中能表现出胜任工作的坚持精神，但胆小怕事，动作反应慢。在客观上，多数人属于各种类型之间的混合型。人的气质对人的安全行为有很大的影响，每个人都有不同的特点和对安全工作的适宜性。因此，在工种安排、班组建设、使用安全干部和技术人员，以及组织和管理工人队伍时，要根据实际需要和个人特点来进行合理调配。

(3)性格对人的安全行为的影响。性格是每个人所具有的、最主要的、最显著的心理特征，如有的人心怀坦白，有的人诡计多端；有的人克己奉公，有的人自私自利等。性格表现在人的活动目的上，也表现在达到目的的行为方式上。性格较稳定，不能用一时的、偶然的冲动作为衡量人的性格特征的根据。但人的性格不是天生的，是在长期发展过程中所形成的稳定的方式。人的性格表现多种多样，有理智型、意志型、情绪型。理智型用理智来衡量一切，并支配行动；情绪型的情绪体验深刻，安全行为受情绪影响大；意志型有明确目标，行动主动、安全责任心强。

二、影响人的安全行为的社会心理因素

(1)社会知觉对人的行为的影响。知觉是眼前客观刺激物的整体属性在人脑中的反映。客观刺激物既包括物，也包括人。人在对别人感知时，不只停留在被感知的面部表情、身体姿态和外部行为上，而且要根据这些外部特征来了解他的内部动机、目的、意图、观点、意见等。人的社会知觉可分为三类：一是对个人的知觉，主要是对他人外部行为表现的知觉，并通过对他人外部行为的知觉，认识他人的动机、感情、意图等内在心理活动；二是人际知觉，人际知觉是对人与人之间关系的知觉。人际知觉的主要特点是有明显的感情因素参与其中；三是自我知觉，自我知觉是指一个人对自我的心理状态和行为表现的概括认识。人的社会知觉与客观事物的本来面貌常常是不一致的，这就会使人产生错误的知觉或者偏见，使客观事物的本来面目在自己的知觉中发生歪曲。产生偏差的原因有：①第一印象作用；②晕轮效应；③优先效应与近因效应；④定型作用。

(2)价值观对人的行为的影响。价值观是人的行为的重要心理基础，它决定着个人对人和事的接近或回避、喜爱或厌恶、积极或消极。领导和职工对安全价值的认识不同，会从其对安全的态度及行为上表现出来。因此，人要具有合理的安全行为，首先需要有正确的安全价值观念。

(3)角色对人的行为的影响。在社会生活的大舞台上，每个人都在扮演着不同的角色，每一种角色都有一套行为规范，人们只有按照自己所扮演的角色的行为规范行事，社会生活才能有条不紊地进行，否则就会发生混乱。角色实现的过程，就是个人适应环境的过程。在角色实现过程中，常常会发生角色行为的偏差，使个人行为与外部环境发生矛盾。在安全管理中，需要利用人的这种角色作用来为其服务。

三、影响行为的主要社会因素

(1)社会舆论对行为的影响。社会舆论又称公众意见，它是社会上大多数人对共同关心的事情，用富于情感色彩的语言所表达的态度、意见的集合。要社会或企业的每个人都重视安全，需要有良好的安全舆论环境。一个企业、部门或国家，要把安全工作搞好，需要利用舆论手段。

(2)风俗与时尚对个人行为的影响。风俗是指一定地区内社会多数成员比较一致的行为趋向。风俗与时尚对安全行为的影响既有有利的方面，也会有不利的方面，通过安全文化的建

设可以实现扬长避短。

四、环境、物的状况对人的安全行为的影响

人的安全行为除内因的作用和影响外，还受外因的影响。环境、物的状况对劳动生产过程的人也有很大的影响。环境变化会刺激人的心理，影响人的情绪，甚至打乱人的正常行动。物的运行失常及布置不当，会影响人的识别与操作，造成混乱和差错，打乱人的正常活动，即会出现这样的模式：环境差→人的心理受不良刺激→扰乱人的行动→产生不安全行为。物设置不当→影响人的操作→扰乱人的行动→产生不安全行为。反之，环境好，能调节人的心理，激发人的有利情绪，有助于人的行为。物设置恰当、运行正常，有助于人的控制和操作。环境差（如噪声大、尾气浓度高、气温高、光亮不足等）造成人的不舒适、疲劳、注意力分散，人的正常能力受到影响，从而造成行为失误和差错。由于物的缺陷，影响人机信息交流，操作协调性差，从而引起人的不愉快刺激、烦躁知觉，产生急躁等不良情绪，引起动作错误，导致不安全行为。要保障人的安全行为，必须创造很好的环境，保证物的状况良好和合理，使人、物、环境更加协调，从而保证人的安全行为。

第四节　安全心理应对措施

人的心理活动失常时会导致生产工作的不稳定性，而良好的安全心理活动可以发挥人的积极性、主动性、创造性，可以为提高安全效果提供稳定可靠的保障。在实际工作中，如果使工人保持良好的心理状态，有一个稳定的心态，我们的安全生产就会在某种程度上趋于稳定。

因此，我们在进行各级安全教育时，要教育工人养成良好的安全工作习惯。进入有可能发生事故的工地工作时，一定要具备安全意识，明白佩戴安全防护用具、走安全通道、遵守安全规章制度的必要性和重要性。要使所有员工都明白："为什么要这样"、"应该这样"、"不这样不行"。

作为安全生产的管理者，也应具备一定的安全心理学知识，努力提高安全管理的技巧和水平。随时掌握生产员工的愿望和动机，把安全管理由被动地事中、事后控制变为主动地事前分析、预测、控制，可在很大程度上减少事故发生。

针对极有可能引发安全事故的心态，有什么应对措施呢？我们可以采取如下一些措施来杜绝或减少不利于安全的心理状态的产生：

(1)宣传、教育、基本培训；

(2)岗前培训：在上岗前针对工作实际情况再培训，并在实际生产过程中实行传、帮、带；

(3)优化工作环境；

(4)警示牌、宣传牌、危险预知牌；

(5)落实 8 个字："人人、事事、时时、处处"都要讲安全，处于安全状态中；

(6)强化规章制度的约束力；

(7)注意劳逸结合；

(8)管理者注意工作方式方法。

第四章　劳动环境与防护

第一节　施工现场防护用品的正确使用

一、安 全 帽

安全帽作为一种个人头部防护用品，能有效地防止和减轻操作人员在生产作业中遭受坠落物体或自己坠落时对头部的伤害。尽管我们在工作中离不开它，但具体的使用方法却未必人人都能说得透彻。不正确地使用和保管会导致安全帽在受到冲击时起不到防护作用。据有关部门统计，坠落物伤人事故中15%是因为安全帽使用不当造成的。

(一)安全帽的使用

为了让安全帽更好地发挥保护作用，我们有必要对其使用要求进行更深入的了解。安全帽由帽壳、帽衬、下颏带、后箍等部件组成。在帽壳材质上，安全帽有低压聚乙烯、ABS(工程塑料)、玻璃钢、橡胶料、竹藤等各种不同材料制作而成。有的安全帽还具有附加功能，如防电报警安全帽、防噪声安全帽、电焊面罩安全帽等。目前，油田采油工佩戴的大多数为玻璃钢安全帽，具有刚性强、耐高温、耐腐蚀的特点，适合于炼钢、井下、矿山等特殊作业中使用。

安全帽的外观，要平整光洁，无毛刺、飞边，式样美观。颜色可根据不同工种和不同作业场所的背景环境(包括机器、设备、建筑等)需要，分别采用浅显醒目的红、黄、白等颜色，便于引起高处或其他在场操作人员的注意和识别。

在生产工作中，经常发生坠落物砸伤、砸死人员的事故，特别是铁路工程施工过程中，这类伤害是比较多的。比如容易发生在高处作业下方，桥梁施工作业、深坑、深槽、人工桩孔下、隧道、涵洞作业、脚手架、模板下、大型设备、龙门、天车下方等场所，坠落物有碎裂物、石块、砖瓦、崩块、作业工具、钢筋、焊条等材料以及枕木、木契等；又如，张拉作业、爆破作业、机械加工作业等产生的由侧旁飞出的各种物体等都可以对人身产生伤害。而且，头部伤害造成死亡、重伤的危险性很大。因此，存在从高处坠落物体或从侧向飞来物体对头部造成危害的作业场所，作业者本身有坠落危险的高处作业场所，头部有触电危险的作业场所等，都必须使用安全帽进行防护。

人体对冲击的承受能力是有一定限制的，根据有关资料，颈椎骨受到4 450 N的力就会折断。所以，一般认为安全帽的受力要大于头部的受力，而通过安全帽传递到头部的力，则应小于颈椎所能承受的力才是安全的。符合国家标准的安全帽可以吸收2/3以上的冲击力。

使用安全帽时，首先要选择与自己头型适合的安全帽。佩戴安全帽前，要仔细检查合格证、使用说明、使用期限，并调整帽衬尺寸，其顶端与帽壳内顶之间必须保持20～50 mm的空间。有了这个空间，才能形成一个能量吸收系统，使遭受的冲击力分布在头盖骨的整个面积上，减轻对头部的伤害。其次，不能随意对安全帽进行拆卸或添加附件，以免影响其原有的防护性能。

佩戴安全帽时一定要戴正、戴牢，不能晃动，调节好后箍，以防安全帽脱落。佩戴时，头顶与帽壳内顶之间的垂直距离一般为25～50 mm，帽衬至帽壳内侧面的水平间距一般在5～

20 mm，帽衬的大小应根据不同个体能进行调节。安全帽在佩戴后的高度应为80～90 mm，其整体结构重量，在保证承受冲击力的前提下，要求越轻越好，以减轻头部负担，总重量不应超过400 g。

安全帽在使用过程中会逐渐损坏，所以要经常进行外观检查。如果发现帽壳与帽衬有异常损伤或裂痕，或帽衬与帽壳内顶之间水平垂直间距达不到标准要求的，就不能继续使用，应当更换新的安全帽。安全帽不用时，需放置在干燥通风的地方，远离热源，不要受日光的直射，这样才能确保在有效使用期内的防护功能不受影响。注意使用期限，玻璃钢安全帽一般不超过3年。到期的安全帽要进行检验，符合安全要求才能继续使用，否则必须更换。

特别要注意，严禁使用只有下颌带与帽壳相连接（无帽内垂直净空）的安全帽；任何受过重击、有褪色、裂缝的安全帽，不论有无损坏现象，均应报废。

还有一点需要注意，安全帽只要受过一次强力的撞击，就无法再次有效吸收外力，有时尽管外表上看不到任何损伤，但是内部已经遭到损伤，不能继续使用。

（二）安全帽的技术性能要求与检验方法

1. 基本技术性能

(1)冲击吸收性能

根据安全帽的批量，随机取出样本，以三顶安全帽为一组。三顶安全帽分别经低温、高温、淋水预处理后，用半球形锤头，重量为5 kg的钢锤从1 m的高度自由或加导向落下冲击安全帽，通过记录显示仪器测出头模所受的冲击力。传递到头模上的力不超过4 900 N为合格。

(2)耐穿刺性能

三顶安全帽分别经低温、高温、淋水预处理后，用锥角为60°、重量为3 kg的钢锥从1 m高自由或加导向落下穿刺帽顶中心100 mm范围内的薄弱区域。钢锥尖端不接触头模表面，电接触显示装置不显示的，为合格。

2. 特殊技术性能

(1)电绝缘性能。预处理后，将安全帽灌满氯化钠溶液，然后浸入同样溶液的浴槽中，测量在1 200 V、50 Hz保持1 min内的泄漏电流。泄漏电流不超过1.2 mA为合格。

(2)阻燃性能。将安全帽平放，采用70号汽油，调节汽油喷灯火焰长度至230 mm，将火焰以45°方向对准帽顶100 mm以下部位，以130 mm距离燃烧帽壳10 s，离开火焰后记录帽壳续燃时间。续燃时间不超过5 s为合格。

(3)侧向刚性。将安全帽侧放于两块平板之间，通过平板向安全帽施加一定的压力，并保持一定的时间。受压最大变形不超过40 mm，残余变形（永久变形）不超过15 mm为合格。

(4)抗静电性能。用高阻计测量帽壳表面两点间的电阻率。表面电阻率不大于$5\times10^{9}\ \Omega$为合格。

（三）安全帽的采购、监督和管理

生产经营单位必须购买有产品检验合格证和安全鉴定证的安全帽。每一批安全帽都必须明确专人负责采购、专人验收，并将有关情况记录备查（建议公路工程施工项目经理部选派一名主要负责人负责购买工作的监督、验收工作）。

购入的安全帽必须经验收后，方准发放和使用。

每一批安全帽的产品检验合格证和安全鉴定证都要留存备查。

安全帽不应储存在酸、碱、高温、日晒、潮湿等场所，更不可和硬物放在一起。

安全帽的使用期是从产品制造完成之日计算，一般安全帽的使用期不超过两年半，使用过程中还要进行抽检,不合格的就必须报废。因此,我们还要注意安全帽要根据实际情况进行采购,避免造成大量积压、报废,给生产经营单位造成损失。

(四)安全帽的标记和包装

我们在选购安全帽时,首先要观察它的标记和包装。

每顶安全帽应有以下 4 项永久性标记:①制造厂名称、商标、型号;②制造年、月;③生产合格证;④生产许可证编号。

安全帽出厂装箱,应将每顶帽用纸或塑料薄膜作衬垫包好再放进纸箱内。装入箱中的安全帽必须是成品。

箱上应注有产品名称、数量、重量、体积和其他注意事项等标记。每箱安全帽均要附说明书。

二、安 全 带

安全带是高处作业人员预防坠落伤亡的防护用品,由带子、绳子和金属配件组成。

(一)安全带的分类

安全带是按照其自身结构、适用工种、使用方法之间的各种组合方式进行分类的。

(1)按照工种分为:D—电工、J—架子工、T—通用等类型。

(2)按照使用方法分为:W—围杆、W_1—围杆带式、W_2—围杆绳式、X—悬挂、P—攀登等类型。

(3)按照其自身结构分为:Y—单腰带式;F—防下脱式、B—双背带式、S—自锁式、H—活动式、G—固定式等类型。

将上述 3 种分类方式组合起来就形成了:DW_1Y—电工围杆带单腰带式、T_1W_2Y—通用Ⅰ型围杆绳单腰带式(可作围杆、悬挂用)、J_1XY—架子工Ⅰ型悬挂单腰带式(大挂钩)、J_2XY—架子工Ⅱ型悬挂单腰带式(小挂钩)、TPG—通用攀登固定式等。因此,我们在选购和配发过程中一定要根据工种、作业条件和使用方法等实际情况,正确选择安全带。

(二)安全带的材料和技术性能

安全带和绳必须用锦纶、维纶、蚕丝料。电工围杆可用黄牛革。金属配件用普通碳素钢和铝合金钢。包裹套用皮革、轻革、维纶或橡胶。

安全带的主要技术性能要求包括以下几个方面。

(1)静荷载。按照国家有关安全带静荷载试验的标准,对安全带整体静负荷以及腰带、护腰带、护胸带、前胸连接带、胯带、吊绳、三角环、8 字环、围杆带、背带、吊带、攀登钩带、腿带、围杆绳、安全钩、自锁钩、胸带卡子、转动钩、半圆环、圆环、品字环等的破坏负荷进行试验,证明符合正在施行的国家标准。如整体安全带作 4 412.7 N 负荷测试,应无破断。

(2)冲击负荷。悬挂和攀登安全带以 100 kg 重量栓挂,自由坠落,应无破断。自锁式安全带在吊绳上下滑的距离不大于 1.5 m。

(3)缓冲器和速差式自控器。缓冲器在 4 m 冲距内不应超过 8 825.4 N。速差式自控器下滑距离不大于 1.5 m。

铁路工程施工单位在选购和验收时,一定要严把安全带的技术性能要求关,以确保使用者的人身安全。

(三)安全带的使用

安全带应高挂低用,注意防止摆动碰撞;使用 3 m 以上长绳应加缓冲器(自锁钩用吊绳例外）；缓冲器、速差式装置和自锁钩可以串联使用；不准打结使用，也不准将钩直接挂在安全绳上使用，应挂在连接环上用；各部件不得任意拆卸；应每年作定期抽验和经常性的外观检查，发现异常应立即更换。

（四）标志识别

除一般标志外，带体上应缝上永久字样的生产厂家商标、合格证和安检证；合格证应注明：拉力试验 4 412.7 N、冲击重量 100 kg；每条安全带装在一个塑料袋内，塑料袋上应有：静负荷 4 412.7 N、冲击重量 100 kg。

【案例】 桥梁墩身作业高处坠落事故

(1)事故经过

某高速公路右线大桥 5# 墩墩身高 49.5 m，用高架索道提升混凝土串筒浇注连续梁。起重机房距 5# 墩大约 150 m，在 5# 墩墩顶作业平台上设了第一信号员张××（起重工），起重机房处设了第二信号员（女），彼此用对讲机联络和指挥。18∶10 时，第二信号员将对讲机交 1# 起重卷扬司机后离开岗位回宿舍去了。18∶20 时，一斗混凝土调运到平台上方，当下降到距平台约 50 cm 高时突然下落将作业平台砸跨。作业平台上身系安全带的两名民工被悬吊在作业平台边，其中 1 人受轻伤。站在作业平台上而没系安全带的第 1 信号员张××从距地面 49.5 m高的作业平台上坠落身亡。

(2)事故原因分析

①直接原因：起重机操作失误，司机遇事处理不当。起重机司机，在不能通视的条件下，明知自己的一切起吊、降落操作，需在信号人员指挥下进行，但当第二信号员将对讲机交给他便擅自离岗时，他没加拒绝就将对讲机漫不经心的放在自己身后，在天色较暗又无信号联络的情况下冒险操作，在突发事件时又处置不当。

②主要原因：起重机第二信号员擅离职守，造成第 1 信号员与起重机司机之间信号联络中断。

③重要原因：起重机第一信号员张××高处作业不按规定栓挂安全带。

④没有执行国家标准 GB 3608—83 中的规定，高处作业未按要求悬挂安全网和防护拦，也是造成本次事故的原因之一。

⑤施工公司对高处作业安全防护设施不全、作业人员违章行为失察。

(3)应汲取的事故教训

①特种作业人员的培训取证，不能以"生产忙离不开"、"地方培训收费高、办证时间长"等理由明知故犯，对"无证上岗"现象见怪不怪，得过且过。

起重吊装工人（包括：垂直运输机械作业的司机、挂钩工、指挥工、安装拆卸工、起重信号工等）都属于特种作业人员，均应经地方有关部门组织他们在独立上岗作业前，接受与本工种相适应的、专门的安全技术理论学习和实际操作训练。经培训、考试合格，取得特种作业操作资格证书后，才能上岗作业。对于未经培训考核，即从事特种作业的，《建设工程安全生产管理条例》第六十二条规定了行政处罚；对造成重大安全事故，构成犯罪的直接责任人员，依照刑法的有关规定追究刑事责任。

②对参加起重吊装作业人员的日常安全教育、岗位应知应会教育，特别是非正常情况下的临危处置能力，必须常抓不懈，常教常新。

起重机司机和指挥人员，一定要了解和熟悉所使用的机械设备性能，并遵守操作规程的规定。应熟悉和掌握所使用的起重信号，起重信号一经规定，严禁随意擅自变动。更不能拒绝或放弃指挥信号,司机在通讯联络信号不明时不得开机,作业中不论任何人发出紧急停车信号,司机应立即执行。

③卷扬机是物料提升机的主要机构,应符合《建筑卷扬机》(GB/T 1955—2002)的规定,并且能够满足额定起重量、提升高度、提升速度等参数的要求。安全停靠装置、断绳保护装置、载重量限制装置、上极限限位器、下极限限位器、吊笼安全门、缓冲器和通讯信号装置等一样都不能少,而且每一样安全保护装置的性能都必须稳定、可靠。

④造成这次事故的直接原因,是起重机司机违反公司安全规章制度和起重作业安全操作规程,在无信号指挥且光线较暗的情况下,胆大妄为,冒险起吊。主要原因是,起重机第2信号员无组织,无纪律,无责任心,她擅离职守的严重违章违纪行为,造成信号联络中断,以致引发事故。应该大力营造"遵章守纪光荣,违章违纪可耻"的氛围,狠刹违章指挥、违章作业、违反劳动纪律"三违"歪风。《安全生产法》第90条规定,从业人员不服从管理,违反安全规章制度或操作规程"造成重大事故,构成犯罪的,依照刑法有关规定追究刑事责任"。

⑤在施工现场常常搭设各种临时性的操作台或操作架以方便施工,这种短期内用于承载物料并在其上进行各种操作的构架式操作平台,制作前必须由专业技术人员按所用的材料,依照现行的相应规范进行设计,计算书或图纸要编入施工组织设计,要在操作平台显著位置标明它所允许的荷载值。操作平台应具有必要的强度、刚度和稳定性,使用中不得有晃动现象。

⑥安全帽、安全带、安全网的确是救命"三宝"。进入施工现场必须戴安全帽,登高作业必须系安全带,墩高在10 m以上的作业必须加设安全网。本次事发前3个人同在一个操作平台,但其中两名民工系了安全带,事故中1人受轻伤,1人毛发无损。而起重机第1信号员张××高处作业不按规定栓挂安全带,却从49.5 m高的平台上坠落,结果丢掉了自己宝贵而年轻的生命。血的事实再次告诉我们:有遵章守纪自觉性的人,是真正会珍爱自己的人;视规章制度为"紧箍咒"而陷入盲目性的人,并不会保护自己的安全和健康,说到底是不珍惜自己,不珍爱家人。

三、安 全 网

安全网是应用于高处作业场所边侧立装和下方平张的防坠落用品,用以防止和挡住人和物坠落,使操作人员避免和减轻伤害。

安全网一般由网体、边绳、系绳及试验绳等组成,是集体防护用品。

(一)安全网的性能标准

国家对安全网的技术性能标准的要求是非常严格的。

(1)对网目的要求:网目的边长不得大于10 cm,形状可制成菱形或方形,菱形网目的对角线应与对应的网边平行,方形网目对角线或边,应与对应的网边平行。

(2)网的边绳和系绳的直径,至少为网绳的2倍,但不得少于7 mm。网绳的直径和断裂强力应根据安全网的材料、结构形式、网目大小等因素合理选用,断裂强力一般宜为1 470.9 N,边绳与网体连接及网上的所有绳结和节点必须牢固。

(3)绳筋分布必须合理,相邻两根筋绳的最小距离不得小于30 cm。每根筋绳的断裂强力不得大于2 941.8 N。

(4)安全网在承受100 kg、底面积2 800 cm^3 的模拟人形砂包冲击后,网绳、边绳、系绳都不允许断裂(允许筋绳断裂)。各类安全网的冲击试验高度为:平网10 m;立网2 m。

(5)同一张网上的所有绳(线)必须用同一种材料,其干态与湿态强度比,不得小于75%。

(6)必须用网绳制作试验绳,作为一张完整安全网的组成部分,每张网的试验绳不少于8根,每根不应短于1.5 m,绳端涂永久性颜色20 cm以上作为标志。试验绳应松弛地穿过网目连接在边绳上。

(7)每张网的重量一般不宜超过15 kg。

(8)每张网应有标牌,标牌上应有永久性标志,其内容必须是:

①产品标志;②材料规格;③网目边长;④制造厂;⑤制造批号、编号、日期;⑥网绳断裂力(干态、湿态);⑦许可证号;⑧负载高度;⑨有效期限。

安全网标牌及其字迹必须清晰可辨,并与安全网同寿命,更不能失落或与其他网调换。尤其是"网绳断裂力(干态、湿态)"的标识,是使用中试验的依据,若无标牌,或有标牌而字迹不可辨,在试验中就没有基数,以致判断不了这张被试验的网能否继续使用。

(9)新网必须有产品质量检验合格证。

(10)供使用的旧网必须有允许使用的证明书或试验记录。

(二)立　网

立网,用于高处作业场所边侧垂直水平面安装,以防止人和物体坠落。

按照国家标准,立网的高度不得小于1.2 m(它的依据是按人体标准身高中,男性170.3 cm,女性159 cm的站立重心确定的)。系绳及边绳断裂强力不得低于2 941.8 N。近些年来,市场上常见的这类网的规格,有1.5 m×6 m、2 m×6 m和2 m×4 m,网目有10 cm×10 cm、9 cm×9 cm和8 cm×8 cm和最常见的密目安全网,边绳结构有17股×4股(锦纶线)、3股×4股(维纶纱),网绳结构有6股×4股(锦纶线)和3股维纶纱,其捻股直径大小不一。制作的材料有锦纶、维伦、丙纶、乙纶、涤纶等。立网标志用字母L表示,如:安全网—L—2×6表示高2 m,长6 m的立网。

(三)平　网

平网,用于高处作业场所下方平张安装(不垂直水平面),以挡住人和物体坠落。

按照国家标准,平网的宽度不得小于3 m,凡设有筋绳的平网,筋绳的断裂力不得大于2 941.8 N,筋绳与筋绳平行间距不得小于30 cm。其边绳与系绳断裂力不得低于7 354.5 N。平网必须具有缓冲性能,按照安全网力学性能试验方法进行试验,当安全网吸收了5 883.6 J能量时,网上的最大负荷不得超过8 825.4 N,最大的延伸量不超过1.5 m。

平网标志用字母P表示,如:安全网—P—4×6表示宽4 m,长6 m的平网。

国家对于安全网有专门的标准,生产经营单位所使用的安全网及其使用、保管工作必须符合国家标准的规定。生产经营单位除在选购过程中,要对照标准严格把关外,在进入施工生产现场,实际使用前,还要依照标准进行抽验,主要技术指标(抗冲击性能等)必须达到要求,否则就要废弃。

四、防电用品

防电用品是预防电流对人体造成伤害的个人防护用品(图4-1),其品种较多。

对经过或靠近施工现场的外电线路没有或缺少防护,在搭设钢管架、绑扎钢筋或起重吊装过程中,碰触这些线路造成触电;使用各类电器设备触电;因电线破皮、老化,又无开关箱等造成触电。对于这部分内容,在"施工用电"中详细阐述。

下面主要介绍电流对人体的危害和防护原理以及铁路工程施工现场常见的绝缘手套、绝缘靴鞋、绝缘胶板。

图 4-1 触电死亡事故

(一)电流对人体的危害和防护原理

1. 触电危害

触电事故的发生,是由于电器设备结构不完善,安装不适合,维修不及时或不遵守安全操作规程,不注意使用安全防护设备,以及发生其他意外漏电等情况时对人体造成的危害。

根据电流的特性,当人体接触带电体形成闭合回路中的一个通路时,或处在高压感应区内,或处于跨步电压范围内,才能发生触电。触电伤害可分为:电击伤、电灼伤和混合性电伤。

(1)电击伤,指人体直接触及带电体,电流通过身体所造成的伤害,其危害最大,可能致死;

(2)电灼伤,指由于电弧作用所引起的灼伤。主要伤害部位在体表,如烧伤、电烙印等,严重的也可致死;

(3)混合性电伤,指人体遭到电击或电灼时,伴随发生的机械性伤害。

电流能麻痹和抑制人体神经系统,引起心颤或直接损害心脏,甚至发生呼吸停止,心脏骤停而死亡。触电事故的死亡率比其他事故的死亡率都高。

安全电压额定值的等级分为 42 V、36 V、24 V、12 V、6 V,一般认为 24 V 以下的电压对人体危害不大(水下作业等特殊场所例外,因为,接触带电体后,可能产生痉挛、惊吓等,而导致淹溺等事故的发生)。当电器设备采用了超过 24 V 的安全电压时(潮湿环境和金属器皿中为 12 V),必须采取防止直接接触带电体的保护措施。

各行各业都离不开用电,但铁路工程施工单位不仅存在大量的临时用电,各类操作人员都有可能接触电器设施、用电设备,而不仅限于电工等专业人员;而且,施工现场电气设施分布很分散,电气线路不易规范。因此,就更要求生产经营单位向从业人员提供合格的个人防电用品,并教育他们正确使用。这是一项不可忽视的预防触电的技术措施。

【案例】 某企业电工触电事故

某企业地面辅助生产系统有维修车间、锅炉房、配电室、油库、办公大楼和车库等。在维修车间,除机械加工设备外,还有 1 台额定起重量 1.5 t、提升高度 2 m 的起重机,气焊用氧气、乙炔气瓶各 5 个。燃煤锅炉房有出口水压(表压)0.12 MPa、额定出水温度 130 ℃、额定功率 28 MW 的锅炉 2 台。油库有 1 个储量为 7 的汽油储罐及配套加油设备。办公大楼内安装载人电梯 2 部。该企业有员工通勤大客车 1 辆。

2006 年 6 月 5 日 10 时,电工甲在维修车间进行电气维修。10 时 30 分,车工乙开完会,准备使用机床时发现没电，于是来到电气开关柜前，发现开关柜门开着，没有停电作业警示，就接通电源，造成电工甲触电死亡。

2. 静电对人体的影响

由于高分子合成材料的大量应用，时常发生静电和静电积聚现象。有时人体带静电，往往突然受到电击。遭受静电的电击，虽不致直接伤害生命，但可因电击而引起其他二次伤害，或因放电火花遇到易燃、易爆的气体介质和粉尘时，引起火灾、爆炸而造成烧灼伤害。所以，对静电的防护也应注意。

3. 防电用品的防护原理

根据电的特性，防动力电用品的防护原理主要有绝缘和等电位屏蔽分流两种。绝缘是使用绝缘物将人体和电路隔绝，以防触电。等电位屏蔽分流是通过穿在身体外表的导电均压服，以屏蔽高压电场和分流电容电流，起到减少通过人体的电流，保护人的安全的作用。

防静电用品的防护原理是利用导电服或导电鞋接通地面，导走静电。

(二)绝缘手套

绝缘手套可使人的两手与带电物体绝缘，是防止同时触及不同极性带电体而触电的个人防护用品。按所用原料可分为橡胶绝缘手套和乳胶绝缘手套两类。主要有 12 kV 和 5 kV 橡胶绝缘手套和乳胶绝缘手套等品种。

1. 适用范围

12 kV 绝缘手套，色泽为米黄色或黄褐色，质地柔软，耐屈挠，适合于操作高低压电力设备时戴用。这种绝缘手套在 1 000 V 以上的高压区作业，只能当作辅助安全防护用品；在 1 000 V 以下电压区作业，可作为基本安全防护用品。

5 kV 绝缘手套，色泽亦为米黄色或黄褐色，但厚度较薄，屈挠性较好，价格较低。适用于操作一般低压电器设备时戴用。在 1 000 V 以上时，禁止使用；250～1 000 V 时，可作为辅助安全防护用品；250 V 以下时，可作为基本安全防护用品。

乳胶绝缘手套有 12 kV 和 5 kV 两种。它是用天然乳胶液浸模成型的五指手套。根据手形设计，戴用舒适，同时乳胶比较柔软，它的胶面较薄，比橡胶绝缘手套有更好的曲挠性。适用工种范围和使用条件与同级橡胶绝缘手套相同。各种乳胶绝缘手套的色泽采用半透明黄褐色，筒口上压制“绝缘”品名、耐压等级(试验电压和使用电压)以利识别，防止错用。

2. 绝缘手套的使用和保养

(1)选用绝缘手套应根据国家及行业有关规定，不得越级使用。应按照产品说明书规定的使用范围正确使用，不得任意乱用。在潮湿、有蒸汽、冷凝液体、导电灰尘或导电地面等容易发生危险的场所，应该特别注意。

(2)在每次使用前必须仔细进行外观质量检查，绝缘手套上不允许出现颜色不均匀，不允许出现裂缝缺口修剪、损伤和撕裂，不允许出现气泡，不允许喷霜、发黏、发脆，不允许有硬杂质和表面凹陷，两侧厚度偏差比例应在 1∶1～1∶1.5 之间；每 6 个月复验一次防电性能(耐电压强度等)；如果发现有任何超过规定的缺陷，则不得使用。如有尘埃或浸渍等其他污物时，应洗干净并完全干燥以后方可使用。

(3)使用时，应将上衣袖口套入手套套筒口内，另外，可在外面罩上一件纱、布或皮革手套，以免胶面受损，但所罩手套的长度不得超过绝缘手套的腕部；

(4)不可与酸碱油类物质接触，并应防止尖锐物刺伤。用完应清洗干净和晾干后妥善保管，可撒些滑石粉，以防发黏，并防受压。

(三)绝缘靴鞋

绝缘靴鞋是使人体与地面产生绝缘作用的个人防护用品。它还能防止在试验电压范围内的跨步电压(即当电气设备碰壳或线路一次接地时,人的两脚站立处呈现不同的电位差)对人体的危害。

绝缘靴鞋主要有 20 kV 绝缘短靴、低压绝缘鞋以及 6 kV 矿用绝缘长筒靴等品种。

1. 适用范围

20 kV 绝缘短靴是一种全胶靴,用橡胶压片成型后经硫化而成。以全绝缘胶作靴面及大底,筒子绒布作里,其外表为黑色。

20 kV 绝缘短靴的绝缘性能强,在邻近一般高压输电线路进行吊装作业的人员,穿靴可以作为辅助安全防护用品。特别注意:穿靴仍不能用手触及带电体。这是因为人体面积较大,其他部位并无绝缘防护,电流仍有可能通过人体,造成生命危险。

低压绝缘胶鞋品种较多,包括低压绝缘布面单胶鞋及布面棉胶鞋、皮面胶鞋等。现在铁路工程施工中低压电工普遍使用 5 kV 绝缘鞋,亦称电工鞋(绝缘球鞋)。这是一种低压布面胶鞋,用缝帮套楦法成型后经硫化而成。大底内加一层黄色绝缘层。5 kV 绝缘鞋,主要适用于电工及电焊工等接触电的工种人员穿用。其作用是使用电压在 1 kV 以下作为辅助安全防护用品;1 kV 以上禁止使用。在 5 kV 以下户外变电所,可防跨步电压对人体的危害。

6 kV 矿用长筒靴也是一种全胶靴。它适合隧道作业,操作 380 V 以下(包括 380 V)时,作为辅助安全防护用品,特别是在低压电缆交错复杂,作业面潮湿或有积水,电气设备容易漏电的情况下,可以防止脚上意外触电事故。

2. 绝缘靴鞋的使用和养护

(1)绝缘靴鞋的使用要求其外观、色泽与其他防护靴鞋或日常生活靴鞋有显著的区别,并应在明显处标出绝缘和耐压等级(试验电压和使用电压)以利识别,防止错用。

(2)要正确选择合适的绝缘靴鞋,不得越级使用,任意乱用。应按说明书规定的使用范围正确选用。绝缘靴鞋对任何电气设备,均只能作为辅助安全防护用品。

(3)每次使用前,必须认真检查胶面弯曲处杂质、胶面弯曲处气泡、靴筒平面杂质、靴筒平面气泡、大底杂质、大底气泡、胶面与夹里布间隔气泡、后跟与大底结合处凹陷等是否超出允许范围以及接合处是否开缝,成品表面是否喷硫。如果发现有任何超过规定的缺陷,则不得使用。如:接合处不允许有开缝;后跟与大底结合处凹陷深度不得超过 2 mm。

(4)不可与酸碱油类物质接触,并应防止尖锐物刺伤。低压绝缘靴鞋的绝缘性能,以大底花纹磨光,内部露出浅色绝缘内底(即绝缘层)时,为绝缘失效,不准再作防电靴鞋穿用。

(5)为保证安全,必须定期作耐电压强度复验,复验不合格的应停止用于防电。

另外,目前低压绝缘靴鞋的外观、色泽和日常生活用鞋没有显著区别,使用时应特别注意,切勿错用。

(四)绝缘胶板

1. 适用范围

绝缘胶板是用绝缘橡胶压片成型后硫化而成。规格按厚度分为 4 mm、6 mm、8 mm、10 mm、12 mm 5 种,其面幅为 1 m,长度为 5 m,也可按需要裁定,供发电室、变配电室用。

在铁路工程施工工地,普遍设有发电机房和变配电室,其中有运转的电机、变压器和多种配电设备,线路错综复杂,尽管设备有防护性接地装置,但当发生单相短路或设备绝缘损坏时,就会产生很大的短路电流或高低压串路。此时,人体如果直接接触或靠近这些带电部分,就会发生危险。如果铺上绝缘胶板，则可避免或减轻伤害。在使用电压(1～220) kV时，绝缘胶板可作为辅助防护用品，但不能接触有电设备。在使用电压1 kV以下时，绝缘胶板可作为基本防护用品。

绝缘胶板的正面(有花纹一面)一角应压制厂牌名、厚度、耐压数量、等级、批号和日期等内容。

2. 绝缘胶板的使用与养护

(1)绝缘胶板不得超级使用。每次使用前必须仔细进行外观检查。如是否存在明疤、蜡斑以及边缘、接头等处的外观或连接质量。如果发现有裂纹、硬份以及任何超过规定的缺陷，则不得使用。

(2)不可与酸油类物质接触，并应防止尖锐物刺伤。

(3)为保证安全，必须定期对绝缘胶板进行耐电压强度复验，复验不合格的，应立即停止用于防电。

【案例】 隧道施工触电事故

(1)事故概况

在隧道施工过程中，隧道在掘进过程中发生大量涌水，由于隧道反坡施工，水流不能自然流出，产生大量积水，至事故发生时隧道涌水湮没隧道长达200余米，平均水深1.5 m，隧道内湿度增大，挂于隧道一侧动力线绝缘层带电，电工在水中检查线路时发生触电后，倒入水中淹溺而亡。

(2)事故原因

电工在动力电线湿度相对较大时，没有穿绝缘鞋，戴绝缘手套，是造成此次事故的直接原因。

项目部对施工现场安全管理不严，对施工人员安全教育不够，是造成此次事故的重要原因。

五、水上救生用品

在江、河、湖、海上修筑铁路桥梁过程中，存在着落水淹溺的危险。因此，水上救生用品是从事水上作业的人员(包括岸边、码头上作业和前往作业地点过程中经过水域的人员)必不可少的个人安全防护用品。个人水上救生用品主要有救生衣和救生圈两种(必要时，还可以在水上施工现场增备水上快艇等公用救生设备)。

1. 水上救生用品的使用和保养

穿用救生衣时，应注意前后身位置，所有缚带均应按部位束紧缚牢，切勿松动，以免落水后救生衣脱离身体或浮力分布位移，造成浮出姿态不正常，发生危险。使用时应防止尖刺磨损和重压，以防浮体材料损伤和变形。

救生衣使用后，应清洗晾干，储存在通风、干燥、远离高温处，以防霉变或收缩。所有进入水上作业区域的人员均应穿戴救生衣，以防万一。

救生圈使用后，应用清水洗净，在阴凉处晾干，切勿暴晒、火烤。然后悬挂于易于取用之处，不得以任何方式堆压或拴牢。

水上救生用品在备用期间，应定期抽取一定比例，送船检部门，按规定规范要求进行试验，对不合格者，应及时更换，不可再用。

2. 水上救生用品的成品试验方法

救生衣不论是工作式还是救生式，其浮力须能在淡水中将 7.5 kg 的铁块支承 24 h 以上。

强度试验聚氯乙烯泡沫塑料救生圈，由 10 m 高处侧面抛向硬质地面或由 25 m 高度，做投水试验，圈体不得损坏和永久变形；浮力试验救生圈须能于淡水中支承至少 14.5 kg 的铁块，在 24 h 以上。

六、焊接防护用品

从事焊接作业的人员要特别做好对辐射、灼烫、触电(电焊时)的个人防护。焊接作业人员的个人防护装备一般应包括：焊接护目镜和面罩、电焊手套、绝缘鞋及盖布、克纶布工作服等。因为，对触电的个人防护已在“防电用品”一节中作了简要介绍，本节主要介绍防辐射和防灼烫的个人防护用品。

(一)焊接护目镜和面罩

焊接护目镜和面罩适用于各种焊接工，是用以防御有害射线危害所使用的个人防护用品。包括电焊、气焊及氩弧焊等各种焊接工及其辅助工佩戴的护目镜片(虑光片或电焊镜片)、保护片、防侧光镜、前挂镜、普通眼镜、手持电焊面罩、头戴电焊面罩、安全帽面罩、安全帽前挂眼镜面罩和防电光性眼炎眼镜等品种。

为了大家能够选购到符合国家标准的焊接护目镜和面罩，现将其主要技术性能指标简要介绍如下。

1. 对滤光片的质量技术要求

(1)外观质量。要求外观平滑，着色均匀，没有明显的划痕条纹、气泡、异物或者有损光学性能的其他缺陷。距离镜片边缘 5 mm 到中心部位应没有上述缺陷。检测镜片质量时，把要测的镜片置于黑色前景，用 60 W 白炽灯照射，目测进行测试。

(2)耐热性能。滤光片放在(67±2) ℃水中恒温 3 min 后，立即放入(4±1) ℃水中，无破裂或变形等异常现象出现。

(3)强度性能。用 16 g 重的钢球，从高度为 0.6 m 处自由下落到镜片中心，连续 3 次冲击，镜片没有破损为合格；如果镜片为 3 层，此钢球从高度 1.2 m 处自由下落到镜片中心，连续 3 次冲击，镜片没有破损为合格。

(4)光学性能。主要包括：平行度、屈光度、颜色、滤光片的遮光号、透过率、耐紫外线性。其中，平行度不大于 1/6 棱镜度(需送检，用仪器测)；屈光度不大于 0.125 D(需送检，用仪器测)；滤光片颜色，不能为单色，要为混合色，最好为褐色、暗绿色；遮光号共 19 个，透光率不应超过相应遮光号所允许的标准(需送检，鉴定)；耐紫外线性应保证滤光片置于距离 450 W 高压氙灯 200 cm 处，照射 50 h 后，马上进行透过率和强度测试，无任何变化。

(5)滤光片规格。尺寸为 50 mm×108 mm，误差为±0.8 mm；厚度为 2～3.8 mm。

(6)使用遮光号较大的滤光片作业时，可用两片透光号较小的滤光片组合使用，效果相同。

2. 对保护片(保护滤光片的无色玻璃片或塑料片)的质量技术要求

(1)透过率。可见光透过率要求不低于 89%。

(2)平行度与外观质量要求与滤光片相同。

(3)保护片规格要求同滤光片，但厚度不小于 2 mm。

(4)保护片在累计焊接作业满 8 h 后，必须要更换一次新的保护片，以保护操作者的安全。

3. 镜架和各种配件的质量技术要求

(1)镜架规格：圆镜框直径不小于 50 mm。

(2)各种配件应不易脱落和破损,并易于更换。配件表面必须平整光滑,边角处不得呈现易于刺伤皮肤的锐角。

(3)金属材料经过耐腐蚀处理。

(4)塑料材料应有耐热、耐燃性能,经过耐热检查后,不允许有变形或干裂现象。燃烧速度不得大于1 mm/s。

4. 对面罩的质量技术要求

(1)材料。要求必须使用不导电、对皮肤无害的材料制作。如用钢纸、塑料等。

(2)面罩必须具有耐燃性,燃烧速度不得大于76 mm/s。耐腐蚀性,经过耐腐蚀性检查后,用肉眼观察,不得有腐蚀痕迹。

(3)面罩规格。

①尺寸规格。头戴式焊接面罩长度大于350 mm,幅度大于210 mm,深度大于140 mm,观察窗40 mm×90 mm,滤光镜到眼距离38 mm;手持式焊接面罩长度大于320 mm,幅度大于210 mm,深度大于120 mm,观察窗40 mm×90 mm;

②重量及厚度。要求重量除去滤光片及保护片,头戴式焊接面罩一定在560 g以下,手持式一定在500 g以下。面罩材料厚度为(1.5±0.2) mm。

(4)面罩的观察窗与滤光片、保护片的尺寸要吻合,要有很好的固定装置,不能从缝隙中漏入辐射光。

(5)面罩的铆钉及其他部件要牢固,没有松动和脱落现象,金属部件不能与人体面部接触。

(6)头戴式面罩上下掀动要灵活方便。

(二)电焊手套

电焊手套是电弧焊接时,防止手部烧(灼)伤的隔热防火用品。采用牛(猪)绒面革(翻毛)皮制成手套,对飞溅的金属熔渣及火星能起反弹作用,本身又不易燃烧。手套一般为五指式,掌宽为:手心14 cm,手背13 cm;全长37.5 cm,其中手套皮筒长20 cm,帆布筒长17.5 cm,帆布筒口宽17.5 cm,要求手套皮筒各部位的厚度在0.6~1.2 mm。在各指端区应加保险皮,皮子要柔软,表面绒毛均匀,无僵硬刀伤、洞眼、酥脆、薄档及严重血筋等现象。

七、防护服装与防护鞋

(一)防护服装

(1)防护服装是一类重要的防护用品,也称为工作服。它不仅是为了遮体,而且重要的是它们介于人体与环境之间,同皮肤又相互作用,应当具有改善皮肤热调节的性能,在一定程度上保护人体于不同劳动状态、气象条件时的热平衡,满足必要的舒适性。

(2)防护服装的特有功能是:可有效地保护作业人员,使之免受劳动环境中的物理性、化学性因素的伤害;本身不存在导致影响劳动对象——产品质量的因素;有职业性(工种)的标志。因此,防护服装在选材、结构、设计上要遵循客观需要,以符合安全要求为前提,力求舒适大方,并随工作性质、劳动条件的差异各有侧重。

(3)防护服装的质量,应该用"防护有效、安全可靠、穿着舒适"三项指标来衡量。这三项性能的优劣直接依赖于防护服装选用的材料和服装的结构设计等因素。

(4)防护服装选用材料的性能要求。

①防护性能。指材料对危害因素的抗御能力及这种能力的持久性。它随危害性质的不同而又具体体现在若干个项目的指标要求上。此外,材料的防护性能,还应包括强力、耐磨、耐

洗、耐温、耐晒以及不霉不蛀等内容。这关系到材料的使用寿命,如果一项较差,就会影响防护效果。

②服用性能。也就是指材料制作服装的可能性和穿着、使用过程中所表现出的特征。如透气性材料(各类织品)的吸湿性、透气性、保暖性以及尺寸的稳定性等;不透气性材料(各种橡胶布、塑料布等)的柔软性、抗融性、可穿性等。

另外,作为防护服的材料,在可能条件下,尽量做到色泽大方,手感良好。

(5)防护服装的结构款式。

由于劳动环境中危害性质和作业条件要求各异,防护服装的结构款式是多种多样的。选料后,服装设计合理得当,将会更好地保护穿用人员的安全与健康,否则,会适得其反。

①防护服装的结构样式,必须要考虑到工作性质、操作条件、劳动对象的特征,以安全为前提,不要盲目追求美观。如防机械伤害用的防护服装,式样上要求"三紧"(紧袖口、紧下摆、紧裤口)。

②防护服装的结构要易于穿脱,以便发生事故时,能迅速处理。如服装上出现严重污染、损伤时,可快速脱卸;一旦发生急性事故,又可很快穿用。

③防护服装的整体结构要尽量减少对操作活动的妨碍,运动部位的尺寸略微大一些,不能太小太紧。服装的接缝处要牢固,所选用的缝线的性能应与服装材料相同,对伤害因素有抗御能力。

④防护服装应采用多种颜色,以便在劳动场所易于识别和适应有关的防护要求,切忌像军用服装那样选择保护色。

(6)防护服装通常分为特殊作业防护服和一般作业防护服。两者各有其特定的用途。前者用于有明显危害因素的作业场所,专业性强,不允许替代使用;后者则用于无特殊危害因素的场所,可以通用。特殊作业防护服主要包括:高温防护服、防毒服、放射性防护服、防静电服、防火服、防水服、水上救生衣、防寒服、潜水服等;一般作业防护服最常用的有防机械伤害和脏污工作服。它用于预防机械设备运转时对人体引起的伤害以及预防脏污污染可能造成的皮肤感染或过敏。

(7)铁路工程施工行业涉及的工种多,而且复杂,另外,铁路工程施工人员要走南闯北、长年野外露天作业,条件极为艰苦,劳动强度很高,大多数公路工程施工人员都显得比实际年龄苍老得多。然而,目前铁路工程施工单位普遍比较忽视个人防护用品的管理。主要表现在:不配发必要的防护服装或仅考虑施工形象,不考虑穿着人员的实际情况,选购配发根本起不到防护作用的质量很差的防护服装等。因此,作为从事铁路工程建设和施工的单位都要从"以人为本"的角度出发,充分考虑到从事施工人员的疾苦和接触到的危害因素情况,选购、配发质量优、性能好的个人防护用品,以最大限度地避免各种危害因素作用在其身上。

特别值得指出的是,除要严格按照国家标准选配那些预防危险的特殊作业防护服装外,还要为那些接触职业危害因素的人员选配相应的防护服装。如:为从事拆装、搬运水泥的人员,佩戴防尘口罩或面具和封闭式的防尘服装(否则,长期在粉尘中工作,就不可避免地要患上矽肺等职业病);为进行沥青摊铺的作业人员,配发防放射性危害的,用本白或漂白细平布制成的三紧式服装,包括工作服、工作帽和布袜子等(否则,长时间进行沥青摊铺后,也会出现皮肤红肿、瘙痒等症状,危害其健康);还有就是要选购配发优质的防寒服、防高温辐射服等,用以抵御或减轻寒暑风雨等恶劣的自然气候环境对人体的危害。

（二）防 护 鞋

穿用防护鞋主要是为了防止可能发生的足部（足面、脚趾、足底）伤害和其他事故。

防护鞋的种类较多。铁路工程施工中经常涉及的有：绝缘鞋（已在"防电用品"一节中介绍）、防砸鞋、防滑鞋、防穿刺鞋、防寒鞋、防水鞋以及一些通用型的劳动保护鞋等。

1. 防砸鞋

防砸鞋是安全鞋中的一种，主要功能是防坠落物砸伤脚面、脚趾。鞋的前包头用抗冲击性能好、强度大、重量轻的金属材料做骨架，脚背部分另加护面金属盖板，鞋面用皮革或帆布制成，鞋底采用胶底或革底。

2. 防滑鞋

用于防止作业人员滑跌摔伤事故，从事高处作业的人员必须穿防滑鞋，以防止由于滑跌，导致高处坠落等事故的发生。防滑鞋要求鞋底有良好的防滑性和耐摩擦性能。品种有轻便防滑鞋和特殊作业防滑鞋，如防砸防滑鞋、绝缘防滑鞋等。

3. 防穿刺鞋

防穿刺鞋用于足底防护，防止被各种尖硬物件刺伤，铁路工程施工现场情况复杂，需要配穿此类防护鞋。防穿刺鞋有皮革底和轮胎底两种，轮胎底防穿刺鞋需有特殊的防穿刺衬垫才能达到要求。防穿刺鞋应具备耐折性和良好的物理、机械性能。

4. 防寒鞋

用于低温作业人员的足部保护，防止足部冻伤。

5. 防水鞋

用于有积水或溅水的作业现场。

6. 防护鞋的选择

（1）防护鞋的品种很多，各有其特定的用途范围。因此，选择防护鞋首先应了解作业场所存在的危害因素是什么，然后才可能有针对性地选择适宜的防护鞋类型。同时，要注意根据现场危险程度，选择相应等级的产品。

（2）选购质量可靠的防护鞋，是进行有效防护的前提。因此，必须采购符合国家标准、部颁标准、专业标准的产品。禁止采购无技术监督管理部门鉴定报告、无合格证、无说明书的产品。

（3）选购时，要逐个进行外观检查，并注意观察产品标识。每双安全鞋都应有以下标志：制造厂名、商标、统一鞋号、产品等级、监验证、合格证，生产年、月、日；外包装应具备以下的标志：制造厂名、商标、产品名称、规格、数量、等级、货号、箱号、毛重、装箱日期。

7. 防护鞋的保管和维护

（1）应避免暴晒、雨淋以及受潮。不得与酸、碱、油及腐蚀性物品放在一起。保管仓库应保持通风干燥，产品存放应离地面和墙壁 200 mm 以上的距离。

（2）防护鞋使用完毕，要按说明书介绍的养护方法进行处理和必要的清洁，以延长使用寿命。

第二节　职业危害与职业病

一、职业危害因素的分类

从业人员作业的劳动条件包括：生产过程、劳动过程、作业环境。如在生产过程中、劳动过程中、作业环境中存在有危害因素，并危及从业人员健康的，称为职业性危害因素，按其来源主要包括：

(1)生产工艺过程，随着生产技术、机器设备、使用材料和工艺流程变化不同而变化；如与生产过程有关的原材料、工业毒物、粉尘、噪声、振动、高温、辐射、传染性等因素有关。

(2)劳动过程，主要是由于生产工艺的劳动组织情况、生产设备布局、生产制度与作业人员体位和方式，智能化的程度有关。

(3)生产环境，主要是作业环境，如室外不良气象条件、或室内由于厂房狭小、车间位置不合理、照明不良、通风不畅等因素的影响都会对作业人员产生影响。

因此，如按其性质，可按以下因素分为几方面。

(一)环境因素

(1)物理因素：是生产环境的主要构成要素。不良的物理因素或异常的气象条件，如高温、低温、噪声、振动、高低气压、非电离辐射(如可见光、紫外线、红外线、射频辐射、激光等)、电离辐射(如 X 射线、γ 射线)等，这些都可以对人体产生危害。

(2)化学因素：生产过程中使用和接触到的原料、中间产品、成品及这些物质在生产过程中产生的废气、废水和废渣等都会对人体产生危害，也称为工业毒物。毒物以粉尘、烟尘、雾气、蒸气或气体的形态遍布于生产作业场所的不同地点和空间，接触毒物可产生刺激和过敏反应，还可能引起中毒。

(3)生物因素：生产过程中使用的原料、辅料及在作业环境中都可能存在有些致病微生物和寄生虫，如炭疽杆菌、霉菌、布氏杆菌、森林脑炎病毒、真菌等。

(二)与职业有关的其他因素

如劳动组织和作息制度的不合理，工作的紧张程度等；个人生活习惯的不良，过度饮酒、缺乏锻炼等；劳动负荷过重，长时间的单调作业、夜班作业，动作和体位的不合理等都会带来影响。

(三)其他因素

社会经济因素的影响，如国家的经济发展速度、国民的文化教育程度、生态环境、管理水平等因素都会对企业的安全、卫生的投入和管理带来影响。另外，如职业卫生法制的健全、职业卫生服务和管理系统化，对于控制职业危害的发生和减少作业人员的职业伤害也是十分重要的。

二、职业病的概念及其分类

(一)职业病的概念和分类

1. 概念

职业病是指企业、事业单位和个体经济组织的劳动者在职业活动中，因接触粉尘、放射性物质和其他有毒、有害物质等因素而引起的疾病。由国家主管部门公布的职业病目录所列的职业病称为法定职业病。

由于预防工作的疏忽及技术局限性，使健康受到损害而引起的职业性病损，包括工伤、职业病(包括职业中毒)及和工作有关的疾病。所以也可以说，职业病是职业病损的一种形式。

2. 分类

我国卫生部、劳动保障部于 2002 年 4 月 18 日(02 卫法监发 108 号《职业病名单》)，新颁布的职业病名单分 10 类共 115 种，包括：①尘肺 13 种；②职业性放射性疾病 11 种；③职业中毒 56 种；④物理因素职业病 5 种；⑤职业性传染病 3 种；⑥职业性皮肤病 8 种；⑦职业性眼病 3

种;⑧职业性耳鼻喉疾病 3 种;⑨职业性肿瘤 8 种;⑩其他职业病 5 种,其中包括化学灼伤等工伤事故。为正确诊断,已对部分职业病制定了国家《职业病诊断标准》并公布实施。

为了及时掌握职业病的发病情况,以便采取预防措施,我国在 2002 年 5 月正式开始实施《职业病防治法》。卫生部还修改并重新颁发《职业病诊断与鉴定管理办法》(卫生部令第 24 号,2002 年 3月 28 日发布)及职业病报告办法(88 卫防字第 70 号),主要要求有:①急性职业中毒和急性职业病应在诊断后 24 小时以内报告,卫生监督部门应会同有关单位下厂进行调查,提出报告,以便督促厂矿企业做好职业病预防工作,防止中毒事故再次发生;②慢性职业中毒和慢性职业病在 15 天内会同有关部门进行调查,提出报告并进行登记,以便及时掌握和研究职业中毒和职业病的动态,制订预防措施。

(二)常见的生产性粉尘及尘肺病

1. 矽尘

矽尘也称为游离二氧化硅(SiO_2)粉尘,生产中接触 SiO_2 的作业非常多。如金属、冶金、煤炭等行业的开采、爆破,修路、筑桥等作业;机械制造、加工业的原料破碎、研磨、配料、筑造、清砂等生产过程;还有陶瓷、水泥厂作业均可接触 SiO_2 粉尘。SiO_2 粉尘,能引起严重的职业病——矽肺。

2. 煤尘、煤矽尘

这里主要是指井下开采,在掘进和采煤工序工作面接触大量粉尘,主要是煤尘和 SiO_2 粉尘,这种混合尘叫煤矽尘,是对煤炭工人造成明显危害的粉尘,主要引起煤矽肺。

3. 石棉尘

接触石棉作业主要是采矿、加工和使用,在石棉采矿、纺织、建筑绝缘、造船、电焊、耐火材料、刹车板制造和使用等的作业中。石棉已经公认为致癌物,发达国家已禁止生产,使用替代品。

4. 粉尘引起的职业危害

粉尘引起的职业危害有全身中毒性、局部刺激性、变态反应性、致癌性、尘肺。其中以尘肺的危害最为严重。尘肺是目前我国工业生产中最严重的职业危害之一。2002 年卫生部、劳动和社会保障部公布的职业病目录中列出的法定尘肺有 13 种,即矽肺、煤尘肺、石墨尘肺、炭黑尘肺、石棉肺、滑石尘肺、水泥尘肺、云母尘肺、陶工尘肺、铝尘肺、电焊工尘肺、铸工尘肺、其他尘肺。

(三)生产性毒物及职业中毒

1. 概念

生产过程中生产或使用的有毒物质称为生产性毒物。生产性毒物在生产过程中,可以在原料、辅助材料、夹杂物、半成品、成品、废气、废液及废渣中存在,其形态包括固体、液体、气体存在于生产环境中。如氯、溴、氨、一氧化碳、甲烷以气体形式存在,电焊时产生的电焊烟尘、水银蒸气、苯蒸气等,还有悬浮于空气中的统称为气溶胶粉尘、烟和雾等微粒。

2. 常见的职业中毒类型

(1)金属及类金属中毒

金属有多种分类方法,按照理化特性可简单分为重金属、轻金属、类金属三类。金属的毒性是多种多样的,如铅中毒、四乙基铅中毒、锰中毒、铍中毒、镉中毒、砷中毒和磷中毒等。

铅中毒口内有金属味、流涎、恶心、呕吐、腹胀、陈发性腹绞痛、便秘或腹泻,严重者出现抽搐、瘫痪、昏迷、循环衰竭、中毒性肝病、中毒性肾病、贫血、中毒性脑病等;四乙基铅中毒可发生严重神经系统症状，部分患者出现全身皮疹，可有呼吸道刺激症状；铍化合物对皮肤损害主要表现为皮炎、皮溃疡和皮肤肉芽肿；铬对皮肤损害较明显；磷早期中毒症状一般为神经系统和消化系统症状等。

(2)有机溶剂中毒

有机溶剂中毒引起的职业危害问题目前在全国也是非常突出的，例如生产酚、硝基苯、橡胶、合成纤维、塑料、香料、制药、喷漆、印刷、橡胶加工、有机合成等这些工种常有苯接触，引起的苯中毒。还有甲苯、汽油、四氯化碳、甲醇和正已烷中毒等。

苯中毒主要影响造血系统及中枢神经系统；甲苯与苯大体相同，但略轻些；汽油主要经呼吸道吸入。急性中毒时，轻者有头痛头晕、无力、呈"汽油醉态"。高浓度吸入还可引起化学性肺炎、肺水肿，严重者出现中毒性脑病等。四氯化碳可经呼吸道、消化道及皮肤吸收，对人体毒性极强，误服 2～3 mL 即可中毒，30～50 mL 可致死。吸入较高浓度时，最先出现呼吸道症状，慢性中毒表现为进行性神经衰弱综合征。甲醇可经呼吸道、消化道及皮肤吸收，毒性较强，误服 5～10 mL 可致中毒，15 mL 可致失明，30 mL 可致死；可损害中枢神经系统、损害心肝肾及导致胰腺炎。正已烷毒性较低，急性中毒主要表现为黏膜刺激及中枢神经的麻醉作用，如头痛、头晕、恶心、无力、肌颤等。

(3)刺激性气体中毒

工业生产中常遇到的一类有害气体，主要有氯气、光气、氮氧化物、氨气等。刺激性气体对呼吸道有明显的损害，轻者为上呼吸道刺激症状，重者可致喉头水肿、喉痉挛、中毒性肺炎，可发生肺水肿。刺激性气体大多是化学工业的重要原料和副产品，此外，在医药、冶金等行业中也经常接触到。刺激性气体多有腐蚀性，生产过程中常因设备被腐蚀而发生跑、冒、滴、漏现象；或因管道、容器内压力增高而致刺激性气体大量外逸造成中毒事故。

刺激性气体中毒症状主要是眼、上呼吸道均有刺激症状等。严重时，可发生黏膜坏死、脱落，引起突发性呼吸道阻塞而窒息。

(4)窒息性气体中毒

一氧化碳中毒是一种最常见的窒息性气体中毒。煤气制造用煤、焦炭等制取煤气的过程中，制造合成氨、甲醇、光气、羰基金属、采矿时爆破烟雾含大量一氧化碳、冶金工业中的炼铁、炼钢、炼焦等作业场所，产生大量一氧化碳，这些都有接触一氧化碳的机会。

硫化氢中毒：石油开采、炼制、含硫矿石冶炼、含硫的有机物发酵腐败即可产生硫化氢，如制糖、造纸业的原料浸渍；清理粪池、垃圾、阴沟时，都可发生严重硫化氢中毒。呼吸道为主要侵入途径。轻度中毒时出现眼及上呼吸道刺激症状、胸闷、头痛头晕、乏力、心悸、呼吸困难、意识丧失、血压下降；严重者出现脑水肿、休克、心肝肾损害，接触高浓度的硫化氢可立即昏迷、死亡，称为"闪电型"死亡。

不通风的发酵池、地窖、矿井、下水道、粮仓等处，可有较高浓度的二氧化碳蓄积引起二氧化碳中毒。另外，还有氰化物及甲烷中毒等。二氧化碳中毒常为急性中毒。患者进入高浓度二氧化碳环境后，几秒钟内即迅速昏迷倒下，若不能及时救出可致死亡。

(5)苯的氨基和硝基化合物中毒

常见的有苯胺、苯二胺、联苯胺、二硝基苯、三硝基甲苯、硝基氯苯等。这类化合物广泛用于制药、印染、油漆、印刷、橡胶、炸药、有机合成、染料制造以及化工、农药等工业。苯类化合物中三硝基甲苯、二硝基酚、三硝苯胺等均可引起白内障。苯的氨基化合物具有致癌作用，如联苯胺、4-氨基联苯可致膀胱癌。

(6)高分子化合物。高分子化合物的生产包括:①由化工原料合成单体;②单体经聚合或缩聚成聚合物;③聚合物的加工、塑制等,在整个合成、加工及使用过程中均可产生一些有害因素,如氯乙烯、丙烯腈、氯丁二烯、二异氰酸甲苯酯、环氧氯丙烷、己内酰胺、苯乙烯、丙烯酰胺、乙氰及二甲基甲酰胺等中毒。

3. 生产性毒物可引起职业中毒

职业中毒按发病过程可分为3种类型。

(1)急性中毒

急性中毒指由毒物一次或短时间内大量进入人体所致。多数由生产事故或违反操作规程所引起。

(2)慢性中毒

慢性中毒指长期小量毒物进入人体所致。绝大多数是由蓄积作用的毒物引起的。

(3)亚急性中毒

亚急性中毒介于以上两者之间,在短时间内有较大量毒物进入人体所产生的中毒现象。

有的是处于带毒状态,如接触工业毒物,但无中毒症状和体症,尿中或其他生物材料中所含的毒物量(或代谢产物)超过正常值上限;或驱区试验(如驱铅、驱汞)阳性。这种状态称为带毒状态或称为毒物吸收状态,如铅吸收。

铍可引致铍肺;氟可致氟骨症;氯乙烯可引起肢端溶骨症;焦油沥青可引起皮肤黑变病等。某些化学毒物可致突变、致癌、致畸,引起机体遗传物质的变异。工业毒物对女工月经、妊娠、授乳等生殖功能可产生不良影响,不仅对妇女本身有害,而且可累及下一代。

(四)物理性职业危害因素及所致职业病

作业场所存在的物理因素包括气象条件(气温、气湿、气流、气压),噪声,振动,电磁辐射等,具体分类如下。

1. 噪声及噪声聋

由于机器转动,气体排放,工件撞击与摩擦等所产生的噪声称为生产性噪声或工业噪声。噪声可分为三类:空气动力噪声、机械性噪声、电磁性噪声。能产生噪声的主要工种有使用各种风动工具的工人、纺织工、发动机试验人员、拖拉机手、飞机驾驶员和炮兵等。

生产性噪声对人体的危害首先是对听觉器官的损害,我国已将噪声聋列为职业病。噪声还可对神经系统、心血管系统及全身其他器官功能产生不同程度的危害。

2. 振动及振动病

生产设备、工具产生的振动称为生产性振动。产生振动的机械有锻造机、冲压机、压缩机、振动筛、送风机、振动传送带、打夯机等。手臂振动所造成的危害较为严重。主要有锤打工具如凿岩机、空气锤等,手持转动工具如电钻、风钻等,固定轮转工具如砂轮机等。

振动病分为全身振动和局部振动两种。局部振动病为法定职业病。

3. 电磁辐射及所致的职业病

(1)非电离辐射

①射频辐射。一般来说,射频辐射对人体的影响不会导致组织器官的器质性损伤,主要引起功能性改变,并具有可逆性特征。往往在停止接触数周或数月后可恢复。但在大强度长期作用下,心血管系统的症候持续时间较长,并有进行性倾向。微波作业,对健康的影响可出现中枢神经系统和植物神经系统功能紊乱,心血管系统的变化。②红外线。红外线引起的职业性白内障已列入职业病名单。③紫外线。强烈的紫外线辐射作用可引起皮炎,表现为弥漫性

红斑，有时可出现小水泡和水肿，并有发痒、烧灼感。皮肤对紫外线的感受性存在明显的个体差异。除机体本身因素外，外界因素的影响会使敏感性增加。例如，皮肤接触沥青后经紫外线照射，能发生严重的光感性皮炎，并伴有头痛、恶心、体温升高等症状，长期受紫外线作用，可发生湿疹、毛囊炎、皮肤萎缩、色素沉着，长期受波长 340～280 nm 紫外线作用可发生皮肤癌。作业场所比较多见的是紫外线对眼睛的损伤，即电光性眼炎。④激光。激光对人体的危害主要是它的热效应和光化学效应造成的。激光对健康的影响主要对眼部影响和对皮肤造成损伤。被机体吸收的激光能量转变成热能，在极短时间内(几毫秒)使机体组织局部温度升得很高(200～10 000 ℃)。机体组织内的水分受热时骤然气化，局部压力剧增，使细胞和组织受冲击波作用，发生机械性损伤。

眼部受激光照射后，可突然出现眩光感，视力模糊；或眼前出现固定黑影，甚至视觉丧失。

(2)电离辐射

电离辐射引起的职业病包括：全身性放射性疾病，如急、慢性放射病；局部放射性疾病，如急、慢性放射性皮炎、放射性白内障；放射所致远期损伤，如放射所致白血病。列为国家法定职业病者，有急性、亚急性、慢性外照射放射病，外照射皮肤疾病和内照射放射病、放射性肿瘤、放射性骨病、放射性甲状腺疾病、放射性性腺疾病、放射性复合伤和其他放射性损伤共 10 种。

4. 异常气象条件及有关的职业病

高温作业、高温强热辐射、高温高湿、其他异常气象条件，如低温作业、低气压作业。

异常气象条件引起的职业病列入国家职业病目录的有中暑、减压病、高原病。减压病，急性减压病主要发生在潜水作业后。高原病是在与高原低氧环境下发生的一种特发性疾病。

(五)职业性致癌因素和职业癌

1. 职业致癌物的分类

与职业有关的能引起肿瘤的因素称为职业性致癌因素。由职业性致癌因素所致的癌症，称为职业癌。引起职业癌的物质称为职业性致癌物。

职业性致癌物可分为三类：①确认致癌物，如炼焦油、芳香胺、石棉、铬、芥子气、氯甲甲醚、氯乙烯、放射性物质等；②可疑致癌物，如镉、铜、铁、亚硝胺等，但尚未经流行病学调查证实；③潜在致癌物，这类物质在动物实验中已获阳性结果，有致癌性，如钴、锌、铅等。

2. 职业癌

我国已将石棉、联苯胺、苯、氯甲甲醚、砷、氯乙烯、焦炉逸散物、络酸盐八种职业癌物所致的癌症，列入职业病名单。

(六)职业性传染病

我国将炭疽、森林脑炎、布氏杆菌病，列为法定职业性传染病。

(七)其他列入职业病目录职业性疾病

职业性皮肤病(接触性皮炎、光敏性皮炎、电光性皮炎、黑变病、痤疮、溃疡、化学性皮肤灼伤、其他职业性皮肤病)、化学性眼部灼伤、铬鼻病、牙酸蚀症、金属烟尘热、职业性哮喘、职业性变态反应性肺泡炎、棉尘病、煤矿井下工人滑囊炎等均列入职业病目录。

(八)与职业有关的疾病

(1)与职业有关的疾病主要是指在职业人群中，由多种因素引起的疾病。它的发生与职业因素有关，但又不是唯一的发病因素；非职业因素也可引起发病，是在职业病名单之外的一些与职业因素有关的疾病。如搬运工、铸造工、长途汽车司机、炉前工、电焊工等因不良工作姿势所致的腰背痛。长期固定姿势，长期低头，长期伏案工作所致的颈肩痛。长期吸入刺激性气体、粉尘而引起的慢性支气管炎。

(2)视屏显示终端(VDT)的职业危害问题:由于计算机的大量使用,视屏显示终端操作人员的职业危害问题是关注的重点。长时间操作 VDT,可出现“VDT 综合症”。主要表现为神经衰弱综合症、肩颈腕综合症和眼睛视力方面的改变等。

(3)其他如一些单调作业引起的疲劳、精神抑制、缺勤增加等;夜班作业导致的失眠、消化不良,又称为“轮班劳动不适应综合症”;还有些脑力劳动,精神压力大,紧张可引起心血管系统的改变等。某些工作的压力大或责任重大引起的心理压力增加等也会对人体带来影响变化。

(九)女工的职业卫生问题

妇女由于生理特点,在职业性危害因素的影响下,生殖器官和生殖功能易受到影响,且可以通过妊娠、哺乳而影响胎、婴儿的健康和发育成长,关系到未来人口素质,女工的职业卫生问题,有其特殊意义。在一般体力劳动过程中,突出的有强制体位(长立、长坐)和重体力劳动的负重作业两方面问题。我国目前规定,成年妇女禁忌参加连续负重,每次负重重量超过20 kg,间断负重每次重量超过 25 kg 的作业。许多毒物、物理性因素以及劳动生理因素可对女工健康造成危害,常见的有铅、汞、锰、镉、苯、甲苯、二甲苯、二硫化碳、氯丁二烯、苯乙烯、已内酰胺、汽油、氯仿、二甲基甲酰胺、三硝基甲苯、强烈噪声、全身振动、电离辐射、低温、重体力劳动等。可引起月经变化或具有生殖毒性。

三、职业病发生的条件

职业病的发生常与生产过程和作业环境有关,但除环境危害因素对人的危害程度外,还受个体的特性差异的影响。在同一职业危害的作业环境中,由于有个体特征的差异,各人所受的影响却又有所不同,这些个体特征,包括性别、年龄、健康状态、营养状况等。职业病是影响工人身体健康、威胁工人生命健康的主要危害因素。人体受到环境中直接或间接有害因素时,不一定都发生职业病。职业病的发病过程,还取决于下列 3 个主要条件。

1. 有害因素的性质

有害因素的理化性质和作用部位与发生职业病密切相关,如电磁辐射透入人体组织的深度和危害性,主要取决于其波长。毒物的理化性质及其对人体组织的亲和性与毒性作用有直接关系,如汽油和二硫化碳具有明显的脂溶性,对神经组织就有密切亲和作用,因此首先损害神经系统。一般物理因素常在接触时有作用,脱离接触后体内不存在残留;而化学因素在脱离接触后,作用还会持续一段时间或继续存在。

2. 有害因素作用于人体的量

物理和化学因素对人的危害,都与量有关(生物因素进入人体的量目前还无法准确估计),多大的量和浓度才能导致职业病的发生,是确诊的重要参考。一般作用剂量(dose,D)是接触浓度/强度(concentration,C)与接触时间(time,t)的乘积,可表达为 $D=C\cdot t$。我国公布的《工作场所有害因素接触限值》(GBZ 2—2002),就是指某些化学物质在空气中的限量,但应该认识到有些有害物质能在体内蓄积,少量和长期接触也可能引起职业性损害以致职业病发生。认真查询与某种因素的接触工龄及接触方式,对职业病诊断具有重要价值。

3. 人体的健康状况

健康的人体对有害因素的防御能力是多方面的。某些物理因素停止接触后,被扰乱的生理功能可以逐步恢复。但是抵抗力和身体条件较差的人员对于进入体内的毒物,解毒和排毒功能下降,更易受到损害。经常患有某些疾病的工人,接触有毒物质后,可使原有疾病加剧,进而发生职业病。对工人进行就业前和定期的体格检查，其目的在于发现对生产中有害因素的就业禁忌证，以便更合适地安置工种，保护健康。

职业病还具有以下一些特点。病因有特异性，比如接触含有游离二氧化硅的粉尘作业工人容易引起矽肺病；脱离接触可减轻或恢复，如接触噪声早期引起听力的下降，如连续不断接触可导致噪声性耳聋，及时脱离接触噪声环境则可以恢复；病因大多可以检测，一般有接触水平(剂量-反应)关系，也就是接触的量与发生病变的严重程度相关；因此早期诊断，早期给予相应处理或治疗，对于预防职业病发生意义重大。

四、职业病防治

参建人员应进行职业卫生培训，正确使用职业病防护设备和个人防护用品。对从事接触职业病危害作业的人员，应组织上岗前、在岗期间和离岗时的体检。产生职业病危害的工作岗位，应在其醒目位置设置警示标识和警示说明，并公布有关职业病防治的规章制度、操作规程、应急救援措施和危害因素检测结果。

作业场所应符合下列职业卫生要求：

(1)职业病危害因素的强度或者浓度符合国家职业卫生标准；

(2)具有与职业病危害防护相适应的设施；

(3)生产布局合理，符合有害与无害作业分开的原则；

(4)设备、工具、用具等设施符合保护劳动者生理、心理健康的要求；

(5)符合法律、法规和当地卫生行政主管部门的其他要求。

对施工中有职业病危害的作业，应当采取下列措施：

(1)制订职业病防治计划和实施方案；

(2)建立、健全职业卫生管理制度和操作规程；

(3)建立职业卫生档案和健康监护档案；

(4)建立职业病危害因素监测及评价制度；

(5)制订职业病危害事故应急救援预案，并进行演练。

五、传染病、流行病防治

开工前，参建各方应进行卫生调查，并采取必要的卫生防疫措施。定期对参建人员体检，并视情况及时接种疫苗。开展预防传染病、流行病的卫生教育，组织力量消除鼠、蚊、蝇等病媒昆虫。

在传染病、流行病爆发期应提前采取防疫措施，控制其发生。保证饮用水符合国家规定的卫生标准。生产区、辅助生产区、办公生活区应经常打扫清理。

炊管人员应经体检合格并持健康证上岗。对传染病患者，应早发现，早隔离，早诊治。对患者物品及工作、生活场所应进行消毒、灭菌处理。处理疫情的人员以及在生产、生活中接触病原体的其他人员，应根据国家规定采取有效的防护措施和医疗保健措施。

传染病、流行病暴发时，应采取下列紧急措施切断传播途径：①限制、停止人群聚集的活动；②根据情况合理安排施工生产；③封闭被传染病病原体污染的公共饮用水源。

传染病、流行病疫情按规定上报。

公共食堂应符合相关卫生要求，防止发生食物中毒。

第三节 安全标识牌与使用

一、施工场地或工厂门口需要的安全标志牌

(1)在有车辆出入的大门需要设置限高、限宽的相关安全标识牌。

(2)"禁止吸烟"安全标识牌。

(3)根据施工场地或工厂情况设置安全防护标志。如"必须戴安全帽","必须戴防护眼镜","必须穿防护鞋"等。

二、施工场地内部或工厂内部需要的安全标志牌

1. 在相关的场所设置警示标志

(1)在配电室、开关等场所设置"当心触电"。

(2)在易发生机械卷入、轧压、碾压、剪切等伤害的机械作业车间,设置"当心机械伤人"。

(3)在易造成手部伤害的机械加工车间,设置"当心伤手"。

(4)在铸造车间及有尖角散料等易造成脚部伤害的车间,设置"当心扎脚"。

2. 在需要采取防护的相关车间门口设置强制采用防范措施的图形标志

(1)在易发生飞溅的车间,如焊接、切割、机加工等车间,设置"必须戴防护眼镜"。

(2)在噪声超过 85 dB 的车间,设置"必须戴护耳器"。

(3)在易伤害手部的的作业场所,如易割伤手的机械加工车间,易发生触电危险的作业点等,设置"必须戴防护手套"。

(4)在易造成脚部砸(刺)伤的车间,设置"必须穿防护鞋"。

3. 用警示条纹带区分不同的工作场所

(1)重要的或危险的生产加工区可用红黄斑马带圈定,并在显著位置加贴"危险"警示标识,以示说明。

(2)一般的工作区或临时仓储区等,可用黄黑斑马带圈定,加贴"警告"标识。

(3)其他区域,如安全通道、办公室等区域的警示标识可加贴"注意""小心"等标识,以示说明。

4. 逃生路线及应急设备

(1)用圆点和箭头标出逃生路线的方向。以最近的"出口"为准。

(2)用标贴贴于有棱角、坡度、扶手和把手等位置,以显出层次感。

(3)有台阶、坡度或易滑的位置,可使用防滑贴加以预防。

(4)所有"出口"都应在显著位置加贴"出口"标识(有要求可安装应急灯或采用荧光标识)。

(5)在配电房、空压房等设备室房门上加贴"不准进入"和其他警示标识,以示说明。

(6)在所有应急设备旁,如"119"、"消火栓"、"洗眼站"等,加贴说明标识。

5. 管道标志

在各种管道上加贴标签,标明层次、管道中的介质以及流向。

三、安全标志材料的选择

(1)在表面不平整或过分粗糙的墙面,应使用聚丙烯板材。

(2)平整表面可采用自黏性不干胶。

第四节 劳动防护用品管理

《安全生产法》第三十七条规定："生产经营单位必须为从业人员提供符合国家标准或者行业标准的劳动防护用品，并监督、教育从业人员按照使用规则佩戴、使用。"

《职业病防治法》规定："用人单位必须为劳动者提供个人使用的职业病防护用品。"

劳动防护用品是指在劳动过程中能够对劳动者的人身起保护作用，使劳动者免遭或减轻各种人身伤害或职业危害的各种用品。使用劳动防护用品，是保障从业人员人身安全与健康的重要措施，也是保障生产经营单位安全生产的基础。

一、劳动防护用品分类

劳动防护用品种类很多，从劳动卫生学角度，通常按防护部位分类。

1. 头部防护用品

为防御头部不受外来物体打击和其他因素危害所配备的个人防护装备。如：一般防护帽、防尘帽、防水帽、安全帽、防寒帽、防静电帽、防高温帽、防电磁辐射帽、防昆虫帽等。

2. 呼吸器官防护用品

为防御有害气体、蒸气、粉尘、烟、雾从呼吸道吸入，或直接向使用者供氧或清净空气，保证尘、毒污染或缺氧环境中作业人员正常呼吸的防护用具。如：防尘口罩（面具）、防毒口罩（面具）等。

3. 眼面部防护用品

预防烟雾、尘粒、金属火花和飞屑、热、电磁辐射、激光、化学飞溅等伤害眼睛或面部的个人防护用品称为眼面部防护用品。如：焊接护目镜和面罩、炉窑护目镜和面罩以及防冲击眼护具等。

4. 听觉器官防护用品

能够防止过量的声能侵入外耳道，使人耳避免噪声的过度刺激，减少听力损失，预防由噪声对人身引起的不良影响的个体防护用品。如：耳塞、耳罩、防噪声头盔等。

5. 手部防护用品

保护手和手臂，供作业者劳动时戴用的手套（劳动防护手套）。如：一般防护手套、防水手套、防寒手套、防毒手套、防静电手套、防高温手套、防 X 射线手套、防酸碱手套、防油手套、防振手套、防切割手套、绝缘手套等。

6. 足部防护用品

防止生产过程中有害物质和能量损伤劳动者足部的护具，通常人们称为劳动防护鞋。如：防尘鞋、防水鞋、防寒鞋、防足趾鞋、防静电鞋、防高温鞋、防酸碱鞋、防油鞋、防烫脚鞋、防滑鞋、防刺穿鞋、电绝缘鞋、防振鞋等。

7. 躯干防护用品

即通常讲的防护服。如：一般防护服、防水服、防寒服、防砸背心、防毒服、阻燃服、防静电服、防高温服、防电磁辐射服、耐酸碱服、防油服、水上救生衣、防昆虫服、防风沙服等。

8. 护肤用品

用于防止皮肤（主要是面、手等外露部分）免受化学、物理等因素的危害。如：防毒、防腐、防射线、防油漆的护肤品等。

9. 防坠落用品

防止人体从高处坠落，通过绳带，将高处作业者的身体系接于固定物体上，或在作业场所的边沿下方张网，以防不慎坠落。如安全带、安全网等。

劳动防护用品也可按照用途分类。以防止伤亡事故为目的可分为：防坠落用品、防冲击用品、防触电用品、防机械外伤用品、防酸碱用品、耐油用品、防水用品、防寒用品；以预防职业病为目的可分为：防尘用品、防毒用品、防放射性用品、防热辐射用品、防噪声用品等。

二、劳动防护用品选用原则及发放要求

（一）选用原则

1989 年我国颁布了《劳动防护用品选用的规则》（GB 11651—89），为选用劳动防护用品提供了依据。正确选用优质的防护用品是保证劳动者安全与健康的前提，选用的基本原则是：

（1）根据国家标准、行业标准或地方标准选用。

（2）根据生产作业环境、劳动强度以及生产岗位接触有害因素的存在形式、性质、浓度（或强度）和防护用品的防护性能进行选用。

（3）穿戴要舒适方便，不影响工作。

（二）劳动防护用品发放要求

2000 年，国家经贸委颁布了《劳动防护用品配备标准（试行）》（国经贸安全〔2000〕189 号），规定了国家工种分类目录中的 116 个典型工种的劳动防护用品配备标准。用人单位应当按照有关标准，按照不同工种、不同劳动条件发给职工个人劳动防护用品。

用人单位的具体责任有以下几个方面：

（1）用人单位应根据工作场所中的职业危害因素及其危害程度，按照法律、法规、标准的规定，为从业人员免费提供符合国家规定的防护用品。不得以货币或其他物品替代应当配备的防护用品。

（2）用人单位应到定点经营单位或生产企业购买特种劳动防护用品。防护用品必须具有“三证”，即具有生产许可证、产品合格证和安全鉴定证的防护用品。购买的防护用品须经本单位安全管理部门验收，并应按照防护用品的使用要求，在使用前对其防护功能进行必要的检查。

（3）用人单位应教育从业人员，按照防护用品的使用规则和防护要求，正确使用防护用品。使职工做到“三会”：会检查护品的可靠性；会正确使用防护用品；会正确维护保养防护用品，并进行监督检查。

（4）用人单位应按照产品说明书的要求，及时更换、报废过期和失效的防护用品。

（5）用人单位应建立健全防护用品的购买、验收、保管、发放、使用、更换、报废等管理制度和使用档案，并切实贯彻执行和进行必要的监督检查。

三、劳动防护用品的正确使用方法

使用劳动防护用品的一般要求有以下几个方面：

（1）劳动防护用品使用前应首先作一次外观检查。检查的目的是认定防护用品对有害因素防护效能的程度；用品外观有无缺陷或损坏；各部件组装是否严密，启动是否灵活等。

（2）劳动防护用品的使用必须在其性能范围内，不得超极限使用；不得使用未经国家指定、经监测部门认可（国家标准）和检测还达不到标准的产品；不能随便代替，更不能以次充好。

（3）严格按照《使用说明书》正确使用劳动防护用品。

第五章 安 全 评 价

第一节 安全评价的分类

安全评价是指运用定量或定性的方法，对建设项目或生产经营单位存在的职业危险因素和有害因素进行识别、分析和评估。根据《关于加强安全评价机构管理的意见》(安监管技装字〔2002〕45号文)，安全评价包括安全预评价、安全验收评价、安全现状综合评价和专项安全评价。

一、安全预评价

安全预评价是根据建设项目可行性研究报告的内容，分析和预测该建设项目存在的危险、有害因素的种类和程度，提出合理可行的安全技术设计和安全管理的建议。

安全预评价实际上就是在项目建设前应用安全评价的原理和方法对系统(工程、项目)的危险性、危害性进行预测性评价。安全预评价内容主要包括危险、有害因素识别、危险度评价和安全对策措施及建议。它是以拟建建设项目作为研究对象，根据建设项目可行性研究报告提供的生产工艺过程、使用和产出的物质、主要设备和操作条件等，研究系统固有的危险及有害因素，应用系统安全工程的方法，对系统的危险性和危害性进行定性、定量分析，确定系统的危险、有害因素及其危险、危害程度；针对主要危险、有害因素及其可能产生的危险、危害后果提出消除、预防和降低的对策措施；评价采取措施后的系统是否能满足规定的安全要求，从而得出建设项目应如何设计、管理才能达到安全指标要求的结论。

二、安全验收评价

安全验收评价是在建设项目竣工、试生产运行正常后，通过对建设项目的设施、设备、装置实际运行状况的检测、考察，查找该建设项目投产后可能存在的危险、有害因素，提出合理可行的安全技术调整方案和安全管理对策。

安全验收评价是运用系统安全工程原理和方法，在项目建成试生产正常运行后，在正式投产前进行的一种检查性安全评价。它通过对系统存在的危险和有害因素进行定性和定量的检查，判断系统在安全上的符合性和配套安全设施的有效性，从而作出评价结论并提出补救或补偿措施，以促进项目实现系统安全。

安全验收评价是为安全验收进行的技术准备，最终形成的安全验收评价报告将作为建设单位向政府安全生产监督管理机构申请建设项目安全验收审批的依据。另外，通过安全验收还可检查生产经营单位的安全生产保障，确认《安全生产法》的落实。

三、安全现状综合评价

安全现状综合评价是针对某一个生产经营单位总体或局部的生产经营活动安全现状进行的全面评价。

这种对在用生产装置、设备、设施、贮存、运输及安全管理状况进行的全面综合安全评价，是根据政府有关法规的规定或是根据生产经营单位职业安全、健康、环境保护的管理要求进行的，主要内容包括：全面收集评价所需的信息资料，采用合适的安全评价方法进行危险识别、给出量化的安全状态参数值；对于可能造成重大后果的事故隐患，采用相应的数学模型，进行事故模拟，预测极端情况下的影响范围，分析事故的最大损失，以及发生事故的概率；对发现的隐患，根据量化的安全状态参数值、整改的优先度进行排序；提出整改措施与建议。

评价形成的安全现状综合评价报告的内容应纳入生产经营单位安全隐患整改和安全管理计划，并按计划加以实施和检查。

四、专项安全评价

专项安全评价是针对某一项活动或场所，以及一个特定的行业、产品、生产方式、生产工艺或生产装置等存在的危险、有害因素进行的专项安全评价。目的是查找其存在的危险、有害因素，确定其程度，提出合理可行的安全对策措施及建议。

如果生产经营单位是生产或储存、销售剧毒化学品的企业，评价所形成的专项安全评价报告则是上级主管部门批准其获得或保持生产经营营业执照所要求的文件之一。

第二节　安全评价的程序

安全评价程序主要包括：准备阶段，危险、有害因素辨识与分析，定性、定量评价，提出安全对策措施，形成安全评价结论及建议，编制安全评价报告，具体程序如图 5-1 所示。

1. 准备阶段

明确评价对象和范围，收集国内外相关法律、法规、技术标准及工程、系统的技术资料。

2. 危险、有害因素辨识与分析

根据被评价的工程、系统的情况，辨识和分析危险、有害因素，确定危险、有害因素存在的部位、存在的方式、事故发生的途径及其变化的规律。

3. 定性、定量评价

在危险、有害因素辨识和分析的基础上，划分评价单元，选择合理的评价方法，对工程、系统发生事故的可能性和严重程度进行定性、定量评价。

4. 安全对策措施

根据定性、定量评价结果，提出消除或减弱危险、有害因素的技术和管理措施及建议。

5. 安全评价结论及建议

简要地列出主要危险、有害因素的评价结果，指出工程、系统应重点防范的重大危险因素，明确生产经营者应重视的重要安全措施。

6. 编制安全评价报告

依据安全评价的结果编制相应的安全评价报告。

第三节　危险源管理

危险因素是指能对人造成伤亡或对物造成突发性损害的因素。有害因素是指能影响人的身体健康，导致疾病，或对物造成慢性损害的因素。通常情况下，二者并不加以区分而统称为

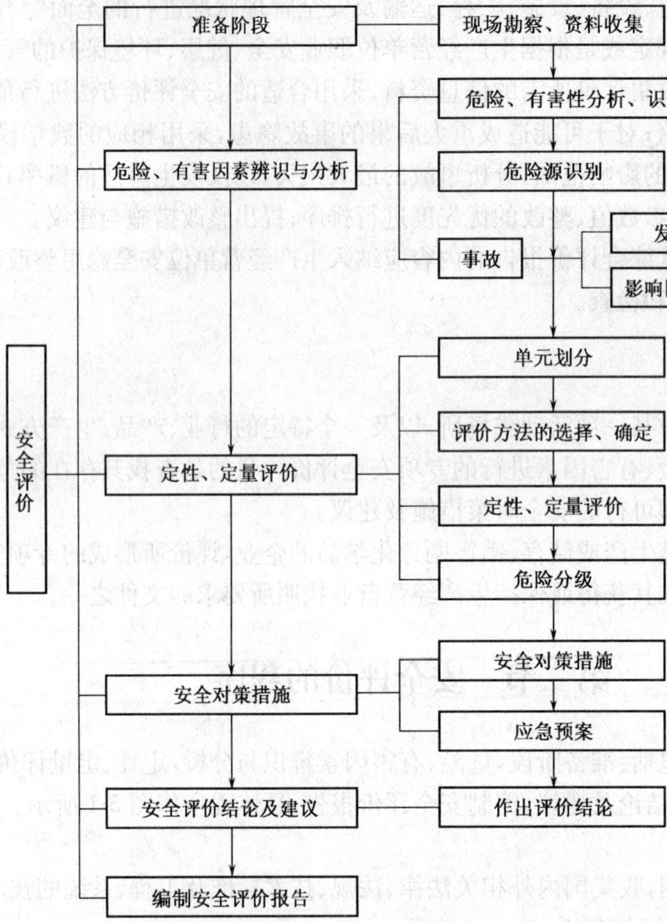

图 5-1　安全评价的基本程序

危险、有害因素。

一、危险、有害因素的分类

危险、有害因素分类的方法多种多样，安全评价中常用“按导致事故的直接原因”和“参照事故类别”的方法进行分类，简介如下。

（一）按导致事故的直接原因进行分类

根据《生产过程危险和有害因素分类与代码》(GB/T 13861—1992)的规定，将生产过程中的危险、有害因素分为6大类，40小类。

1. 物理性危险、有害因素

(1)设备、设施缺陷；

(2)防护缺陷；

(3)电危害；

(4)噪声危害；

(5)振动危害；

(6)电磁辐射；

(7)运动物危害；

(8)明火；
(9)能造成灼伤的高温物质；
(10)能造成冻伤的低温物质；
(11)粉尘与气溶胶；
(12)作业环境不良；
(13)信号缺陷；
(14)标志缺陷；
(15)其他物理性危险和有害因素。

2. 化学性危险、有害因素
(1)易燃易爆性物质；
(2)自燃性物质；
(3)有毒物质；
(4)腐蚀性物质；
(5)其他化学性危险和有害因素。

3. 生物性危险、有害因素
(1)致病微生物；
(2)传染病媒介物；
(3)致害动物；
(4)致害植物；
(5)其他生物危险和有害因素。

4. 心理、生理性危险、有害因素
(1)负荷超限；
(2)健康状况异常；
(3)从事禁忌作业；
(4)心理异常；
(5)识别功能缺陷；
(6)其他心理、生理性危险和有害因素。

5. 行为性危险、有害因素
(1)指挥错误；
(2)操作错误；
(3)监护错误；
(4)其他错误；
(5)其他行为性危险和有害因素。

6. 其他危险、有害因素
(1)搬举重物；
(2)作业空间；
(3)工具不合适；
(4)标识不清。

(二)参照事故类别进行分类

参照《企业职工伤亡事故分类》(GB 6441—1986)，综合考虑起因物、引起事故的诱导性原因、致害物、伤害方式等，将危险因素分为20类。

(1)物体打击。指物体在重力或其他外力的作用下产生运动，打击人体造成人身伤亡事故，不包括因机械设备、车辆、起重机械、坍塌等引发的物体打击。

(2)车辆伤害。指企业机动车辆在行驶中引起的人体坠落和物体倒塌、下落、挤压伤亡事故，不包括起重设备提升、牵引车辆和车辆停驶时发生的事故。

(3)机械伤害。指机械设备运动(静止)部件、工具、加工件直接与人体接触引起的夹击、碰撞、剪切、卷入、铰、碾、割、刺等伤害，不包括车辆、起重机械引起的机械伤害。

(4)起重伤害。指各种起重作业(包括起重机安装、检修、试验)中发生的挤压、坠落、(吊具、吊重)物体打击和触电。

(5)触电。包括雷击伤亡事故。

(6)淹溺。包括高处坠落淹溺，不包括矿山、井下透水淹溺。

(7)灼烫。指火焰烧伤、高温物体烫伤、化学灼伤(酸、碱、盐、有机物引起的体内外灼伤)、物理灼伤(光、放射性物质引起的体内外灼伤)，不包括电灼伤和火灾引起的烧伤。

(8)火灾。

(9)高处坠落。指在高处作业中发生坠落造成的伤亡事故，不包括触电坠落事故。

(10)坍塌。指物体在外力或重力作用下，超过自身的强度极限或因结构稳定性破坏而造成的事故，如挖沟时的土石塌方、脚手架坍塌堆置物倒塌等，不包括矿山冒顶片帮和车辆、起重机械、爆破引起的坍塌。

(11)冒顶片帮。

(12)透水。

(13)爆破。指爆破作业中发生的伤亡事故。

(14)火药爆炸。指火药、炸药及其制品在生产、加工、运输、贮存中发生的爆炸事故。

(15)瓦斯爆炸。

(16)锅炉爆炸。

(17)容器爆炸。

(18)其他爆炸。

(19)中毒和窒息。

(20)其他伤害。

此种分类方法所列的危险、有害因素与企业职工伤亡事故处理(调查、分析、统计)和职工安全教育的口径基本一致，为安全生产监督管理部门、行业主管部门职业安全卫生管理人员和企业广大职工、安全管理人员所熟悉，易于接受和理解，便于实际应用。但缺少全国统一规定，尚待在应用中进一步提高其系统性和科学性。

二、危险、有害因素辨识

方法是辨识危险、有害因素的工具，选用哪种方法要根据分析对象的性质、特点、寿命的不同阶段和分析人员的知识、经验和习惯来定。常用的危险、有害因素分析方法大致可分为直观经验分析方法和系统安全分析方法两大类。

(一)直观经验分析方法

直观经验分析方法适用于有可供参考先例、有以往经验可以借鉴的建设，不能应用在没有可供参考先例的新开发系统。

1. 对照、经验法

对照、经验法是对照有关标准、法规、检查表或依靠分析人员的观察分析能力，借助于经验和判断能力直观对评价对象的危险、有害因素进行分析的方法。

2. 类比方法

类比方法是利用相同或相似工程系统或作业条件的经验和劳动安全卫生的统计资料来类推、分析评价对象的危险、有害因素。

(二)系统安全分析方法

系统安全分析方法是应用系统安全工程评价方法的部分方法进行危险、有害因素辨识。系统安全分析方法常用于复杂、没有事故经验的新开发系统。常用的系统安全分析方法有事件树、事故树等。

三、危险、有害因素的识别

尽管现代企业千差万别，但如果能够通过事先对危险、有害因素的识别，找出可能存在的危险、危害，就能够对所存在的危险、危害采取相应的措施(如修改设计，增加安全设施等)，从而可以大大提高系统的安全性。

在进行危险、有害因素的识别时，要全面、有序地进行识别，防止出现漏项，宜按厂址、总平面布置、道路运输、建构筑物、生产工艺、物流、主要设备装置、作业环境、安全措施管理等几方面进行。识别的过程实际上就是系统安全分析的过程。

1. 厂址

从厂址的工程地质、地形地貌、水文、气象条件、周围环境、交通运输条件、自然灾害、消防支持等方面分析、识别。

2. 总平面布置

从功能分区、防火间距和安全间距、风向、建筑物朝向、危险有害物质设施、动力设施(氧气站、乙炔气站、压缩空气站、锅炉房、液化石油气站等)、道路、贮运设施等方面进行分析、识别。

3. 道路及运输

从运输、装卸、消防、疏散、人流、物流、平面交叉运输和竖向交叉运输等几方面进行分析、识别。

4. 建构筑物

从厂房的生产火灾危险性分类，耐火等级、结构、层数、占地面积、防火间距、安全疏散等方面进行分析、识别。

从库房储存物品的火灾危险性分类，耐火等级、结构、层数、占地面积、安全疏散、防火间距等方面进行分析、识别。

5. 生产工艺

(1)对新建、改建、扩建项目设计阶段危险、有害因素的识别应从以下6个方面进行分析、识别。

①对设计阶段是否通过合理的设计，尽可能从根本上消除危险、有害因素的发生进行考察。

②当消除危险、有害因素有困难时，对是否采取了预防性技术措施来预防或消除危险、危害的发生进行考察。

③当无法消除危险或危险难以预防的情况下，对是否采取了减少危险、危害的措施进行

考察。

④当在无法消除、预防、减弱的情况下，对是否将人员与危险、有害因素隔离等进行考察。

⑤当操作者失误或设备运行一旦达到危险状态时，对是否能通过联锁装置来终止危险、危害的发生进行考察。

⑥在易发生故障和危险性较大的地方，对是否设置了醒目的安全色、安全标志和声、光警示装置等进行考察。

(2)对安全现状综合评价可针对行业和专业的特点及行业和专业制定的安全标准、规程进行分析、识别。

针对行业和专业的特点，可利用各行业和专业制定的安全标准、规程进行分析、识别。例如，原劳动部曾会同有关部委制定了冶金、电子、化学、机械、石油化工、轻工、塑料、纺织、建筑、水泥、制浆造纸、平板玻璃、电力、石棉、核电站等一系列安全规程、规定，评价人员应根据这些规程、规定、要求，对被评价对象可能存在的危险有害因素进行分析、识别。

(3)根据典型的单元过程(单元操作)进行危险有害因素的识别

典型的单元过程是各行业中具有典型特点的基本过程或基本单元。这些单元过程的危险、有害因素已经归纳总结在许多手册、规范、规程和规定中，通过查阅均能得到。这类方法可以使危险、有害因素的识别比较系统，避免遗漏。

6. 生产设备、装置

对于工艺设备可从高温、低温、高压、腐蚀、振动、关键部位的备用设备、控制、操作、检修和故障、失误时的紧急异常情况等方面进行识别。

对机械设备可从运动零部件和工件、操作条件、检修作业、误运转和误操作等方面进行识别。

对电气设备可从触电、断电、火灾、爆炸、误运转和误操作、静电、雷电等方面进行识别。

还应注意识别高处作业设备、特殊单体设备(如锅炉房、乙炔站、氧气站)等的危险、有害因素。

【案例】 新广州站钢结构高空作业通道未安装防护立网、没有设置挡脚板、通道垫板固定不牢，存在高处坠落的危险，如图 5-2 所示。

图 5-2 高空作业危险

7. 作业环境

注意识别存在毒物、噪声、振动、高温、低温、辐射、粉尘及其他有害因素的作业部位。

8. 安全管理措施

可以从安全生产管理组织机构、安全生产管理制度、事故应急救援预案、特种作业人员培训、日常安全管理等方面进行识别。

9. 重大危险源的识别

重大危险源是指长期地或临时地生产、加工、搬运、使用或贮存危险物质，且危险物质的数量等于或超过临界量的单元。

目前，国际上是根据危险、有害物质的种类及其限量出发来确定重大危险源。例如，欧共体的塞维索法令中列出了一些危险、有害物质的名称及限量。

在我国，有无重大危险源应参照《重大危险源辨识》(GB 18218—2000)进行识别。

四、危险源评价

(一)评价单元

评价单元就是在危险、有害因素分析的基础上，根据评价目标和评价方法的需要，将系统分成的有限、确定范围进行评价的单元。

划分评价单元是为评价目标和评价方法服务的，要便于评价工作的进行，有利于提高评价工作的准确性；评价单元一般以生产工艺、工艺装置、物料的特点和特征与危险、有害因素的类别、分布有机结合进行划分，还可以按评价的需要将一个评价单元再划分为若干子评价单元或更细致的单元。由于至今尚无一个明确通用的"规则"来规范单元的划分方法，因此会出现不同的评价人员对同一个评价对象划分出不同的评价单元的现象。由于评价目标不同、各评价方法均有自身特点，只要达到评价的目的，评价单元划分并不要求绝对一致。

常用的评价单元划分原则和方法有以下两大类。

1. 以危险、有害因素的类别为主划分评价单元

(1)对工艺方案、总体布置及自然条件、社会环境对系统影响等综合方面危险、有害因素的分析和评价，宜将整个系统作为一个评价单元。

(2)将具有共性危险因素、有害因素的场所和装置划为一个评价单元：

按危险因素类别各划归一个评价单元，再按工艺、物料、作业特点(即其潜在危险因素不同)划分成子单元分别评价；进行安全评价时，宜按有害因素(有害作业)的类别划分评价单元。

2. 以装置和物质特征划分评价单元

(1)按装置工艺功能划分评价单元。

(2)按布置的相对独立性划分评价单元。

(3)按工艺条件划分评价单元。

(4)按贮存、处理危险物质的潜在化学能、毒性和危险物质的数量划分评价单元。

上述评价单元划分原则并不是孤立的，是有内在联系的，划分评价单元时应综合考虑各方面因素进行划分。

应用火灾爆炸指数法、单元危险性快速排序法等评价方法进行火灾爆炸危险性评价时，除按以上原则外，还应依据评价方法的有关具体规定划分评价单元。

(二)危险评价

1. 资料收集

各施工单位负责收集和整理所在地的法律法规及其他要求、已有的事故及事故记录、类似组织发生的事故和事故的信息，以及公司、指挥部提供的相关资料。

2. 危险评价方法

(1)危险分级

危险评价结果分为不可容许危险、重大危险和一般危险三级。评价准则如下：

①导致10万元及以上重大财产损失的事故结果评价为不可容许危险；

②违反法律、法规，预计可能导致事故结果在重伤或重伤以上的评价为不可容许危险；

③经发生过且无良好控制措施的事故或危险事件，评价为不可容许危险；

④紧急状态下的危险事件，评价为重大危险；

⑤违反法律、法规，预计可能导致的事故结果在重伤以下的，评价为重大危险；

⑥曾经发生过，已制定良好的控制措施的事故或危险事件，评价为一般危险。

(2)*LEC*半定量评价方法

如果采用定性评价无法判断危害的危险级别，则采用*LEC*评价法。危险级别$=L\times E\times C$。如表5-1～表5-4所示。

表 5-1

分数值	*L*(暴露于危险环境的频率)
10	连续暴露在潜在危险环境
6	每日一次或数次在工作时间内暴露
3	每周一次或偶然地暴露
2	每月暴露一次
1	每年数次暴露

表 5-2

分数值	*E*(事故或危害事件发生的可能性)
10	完全可能，可被预料到
3	相当可能
2	可能，但不经常
1	极度不可能

表 5-3

分数值	*C*(后果的严重程度)
100	灾难性的：可能导致有人死亡
40	非常严重：可能导致有人重伤
15	严重：可能导致暂时性重伤
3	一般：轻微可恢复性的伤害
1	引人注目：不利安全健康

表 5-4

分数值	$L\times E\times C$(危险级别)	级别
>320	特大危险(不可容许危险)	五级
120～320	重大危险	四级
70～120	较大危险	三级
20～70	一般危险	二级
<20	轻微危险	一级

3. 评价步骤

(1)施工单位负责对施工范围内的危险源进行识别及汇总，并组织安全质量部门将项目建设的过程分成若干个系统、设备和工种，确定检查项目，按单位工程、分部工程、分项工程、每项工序、不同工种的组成顺序逐层分解；每一项再从人、机、料、法、环五大因素分别作用时的危险源，然后，编制表格，列出系统、设备、工种的危险源《原始危险源清单》。对危险源进行判断或打分，确定重大危险及不可容许危险，填写重大危险及不可容许危险清单，并报监理单位确认，监理单位确认后按程序上报指挥部。

(2)指挥部根据监理单位确认后的清单确定管段控制重点，并由监理单位下发到施工单位，同时报公司备案。

五、危险源控制

(1)施工单位根据确认后的重大危险及不可容许危险清单制定针对性强的专项危险源控

制措施(或专项施工方案),控制措施应以消除危险因素为准则,其次考虑危险降低措施(降低危险概率、降低危险伤害或财产损失),措施制定完成后报监理单位审批后执行。

(2)施工单位对其他不同级别的危险,制定相应的危险源控制措施,这些措施必须满足降低或使危险处于有效控制中,而且不会带来新的不可容许或重大危险。

(3)公司、指挥部重点对四级以上危险源进行掌握和控制。

(4)危险源辨识、评价及专项危险源控制措施(或专项施工方案)完成后,各单位应组织参建员工学习、培训,必要时应组织模拟发生危险情况时的演练,以提高员工安全防范意识和紧急情况下自我保护技能。施工单位及项目部安质部负责组织危险源辨识、危险评价与危险控制计划的有关教育、培训与交流。

(5)实施与检查

施工单位根据制定的危险源控制措施或专项安全方案,认真配备资源并组织实施;监理单位负责对施工单位危险源辨识、控制情况进行定期和不定期检查,督促其落实好安全控制措施和安全方案;各指挥部负责对本管段重大危险源和不可容许危险控制情况进行监督检查,并及时上报公司;公司负责对全线重大危险源和不可容许危险进行监督检查。

(6)记录管理

施工单位负责危险源辨识和危险评价,制定安全控制措施,按要求保管各项记录;指挥部、监理单位负责保管管段内的重大危险及不可容许危险源清单、相关评价记录、专项危险源控制措施、实施记录;公司负责保管全线范围内的重大危险及不可容许危险源清单及专项危险源控制措施记录。

第四节 安全评价方法

一、安全评价方法分类

安全评价方法的分类方法很多,常用的有按评价结果的量化程度分类法、按评价的推理过程分类法、按针对的系统性质分类法、按安全评价要达到的目的分类法等。

(一)按评价结果的量化程度分类法

按照安全评价结果的量化程度,安全评价方法可分为定性安全评价法和定量安全评价法。

1. 定性安全评价法

定性安全评价法主要是根据经验和直观判断能力对生产系统的工艺、设备、设施、环境、人员和管理等方面的状况进行定性的分析,安全评价的结果是一些定性的指标,如是否达到了某项安全指标、事故类别和导致事故发生的因素等。属于定性安全评价法的有安全检查表、专家现场询问观察法、因素图分析法、事故引发和发展分析、作业条件危险性评价法(格雷厄姆-金尼法或 *LEC* 法)、故障类型和影响分析、危险可操作性研究等。

2. 定量安全评价法

定量安全评价法是运用基于大量的实验结果和广泛的事故资料统计分析获得的指标或规律(数学模型),对生产系统的工艺、设备、设施、环境、人员和管理等方面的状况进行定量的计算,安全评价的结果是一些定量的指标,如事故发生的概率、事故的伤害(或破坏)范围、定量的危险性、事故致因因素的事故关联度或重要度等。

按照安全评价给出的定量结果的类别不同,定量安全评价法还可以分为概率风险评价法、伤害(或破坏)范围评价法和危险指数评价法。

(1)概率风险评价法。概率风险评价法是根据事故的基本致因因素的事故发生概率,应用数理统计中的概率分析方法,求取事故基本致因因素的关联度(或重要度)或整个评价系统的事故发生概率的安全评价方法。故障类型及影响分析、事故树分析、逻辑树分析、概率理论分析、马尔可夫模型分析、模糊矩阵法、统计图表分析法等都可以由基本致因因素的事故发生概率计算整个评价系统的事故发生概率。

(2)伤害(或破坏)范围评价法。伤害(或破坏)范围评价法是根据事故的数学模型,应用计算数学方法,求取事故对人员的伤害范围或对物体的破坏范围的安全评价方法。液体泄漏模型、气体泄漏模型、气体绝热扩散模型、池火火焰与辐射强度评价模型、火球爆炸伤害模型、爆炸冲击波超压伤害模型、蒸气云爆炸超压破坏模型、毒物泄漏扩散模型和锅炉爆炸伤害 TNT 当量法都属于伤害(或破坏)范围评价法。

(3)危险指数评价法。危险指数评价法应用系统的事故危险指数模型,根据系统及其物质、设备(设施)和工艺的的基本性质和状态,采用推算的方法,逐步给出事故的可能损失、引起事故发生或使事故扩大的设备、事故的危险性以及采取安全措施的有效性的安全评价方法。常用的危险指数评价法有:道化学公司火灾爆炸危险指数评价法,蒙德火灾爆炸毒性指数评价法,易燃、易爆、有毒重大危险源评价法。

(二)其他安全评价分类法

按照安全评价的逻辑推理过程,安全评价方法可分为归纳推理评价法和演绎推理评价法。归纳推理评价法是从事故原因推论结果的评价方法,即从最基本危险、有害因素开始,逐渐分析导致事故发生的直接因素,最终分析到可能的事故。演绎推理评价法是从结果推论原因的评价方法,即从事故开始,推论导致事故发生的直接因素,再分析与直接因素相关的之间因素,最终分析和查找出致使事故发生的最基本危险、有害因素。

按照安全评价要达到的目的,安全评价方法可分为事故致因因素安全评价法、危险性分级安全评价法和事故后果安全评价法。事故致因因素安全评价法是采用逻辑推理的方法,由事故推论最基本危险、有害因素或由最基本危险、有害因素推论事故的评价法,该类方法适用于识别系统的危险、有害因素和分析事故,这类方法一般属于定性安全评价法。危险性分级安全评价法是通过定性或定量分析给出系统危险性的安全评价方法,该类方法适应于系统的危险性分级,该类方法可以是定性安全评价法,也可以是定量安全评价法。事故后果安全评价法可以直接给出定量的事故后果,给出的事故后果可以是系统事故发生的概率、事故的伤害(或破坏)范围、事故的损失或定量的系统危险性等。

此外,按照评价对象的不同,安全评价方法可分为设备(设施或工艺)故障率评价法、人员失误率评价法、物质系数评价法、系统危险性评价法等。

二、常用的安全评价方法

在此列出了一些最常用的典型的评价方法,在安全评价中,这些方法使用最为广泛。

(一)安全检查表方法

为了查找工程、系统中各种设备设施、物料、工件、操作、管理和组织措施中的危险、有害因素,事先把检查对象加以分解,将大系统分割成若干小的子系统,以提问或打分的形式,将检查项目列表逐项检查,避免遗漏,这种表称为安全检查表。

(二)危险指数方法

危险指数方法是一类分析方法。通过评价人员对几种工艺现状及运行的固有属性(是以作业现场危险度、事故概率和事故严重度为基础，对不同作业现场的危险性进行鉴别）进行比较计算，确定工艺危险特性重要性大小及是否需要进一步研究。

危险指数评价可以运用在工程项目的各个阶段（可行性研究、设计、运行等），或在详细的设计方案完成之前，或在现有装置危险分析计划制订之前。当然它也可用于在役装置，作为确定工艺操作危险性的依据。

目前已有好几种危险指数方法得到广泛的应用，如危险度评价法，道化学公司的火灾、爆炸危险指数法，帝国化学工业公司（ICI）的蒙德法，化工厂危险等级指数法等。

（三）预先危险分析方法

预先危险分析方法是一种起源于美国用标准安全计划要求方法。它是在一项实现系统安全危害分析的初步或初始的工作，包括设计、施工和生产前，首先对系统中存在的危险性类别，出现条件、导致事故的后果进行分析，其目的是识别系统中的潜在危险，确定其危险等级，防止危险发展成事故。

预先危险分析方法的步骤如下：

(1)通过经验判断、技术诊断或其他方法调查确定危险源，对所需分析系统的生产目的、物料、装置及设备、工艺过程、操作条件以及周围环境等，进行充分详细地了解。

(2)根据过去的经验教训及同类行业生产中发生的事故情况，对系统的影响、损坏程度，类比判断所要分析的系统中可能出现的情况，查找能够造成系统故障、物质损失和人员伤害的危险性，分析事故的可能类型。

(3)对确定的危险源分类，制成预先危险性分析表。

(4)转化条件，即研究危险因素转变为危险状态的触发条件和危险状态转变为事故的必要条件，并进一步寻求对策措施，检验对策措施的有效性。

(5)进行危险性分级，排列出重点和轻、重、缓、急次序，以便处理。

(6)制定事故的预防性对策措施。

（四）故障假设分析方法

故障假设分析方法是一种对系统工艺过程或操作过程的创造性分析方法。它一般要求评价人员对有关问题进行考虑，任何与工艺安全有关的问题，即使它与之不太相关也可提出加以讨论。通常，将所有的问题都记录下来，然后将问题分门别类，如按照电气安全、消防、人员安全等问题分类，分头进行讨论。所提出的问题要考虑到任何与装置有关的不正常的生产条件，而不仅仅是设备故障或工艺参数变化。

故障假设分析方法比较简单，评价结果一般以表格形式显示，主要内容有：提出的问题，回答可能的后果，降低或消除危险性的安全措施。其目的是识别危险性、危险发问或可能产生的意想不到的结果的事故事件。

（五）危险和可操作性研究

危险和可操作性研究是一种定性的安全评价方法。它的基本过程是以关键词为引导，找出过程中工艺状态的变化（即偏差），然后分析找出偏差的原因、后果及可采取的对策。其侧重点是工艺部分或操作步骤各种具体值。

危险和可操作性研究方法所基于的原理是，背景各异的专家们如若在一起工作，就能够在创造性、系统性和风格上互相影响和启发，能够发现和鉴别更多的问题，与他们独立工作并分别提供工作结果相比更为有效。

危险和可操作性研究方法可按分析的准备、完成分析和编制分析结果报告三个步骤来完成。其本质就是通过系列会议对工艺流程图和操作规程进行分析，由各种专业人员按照规定的方法对偏离设计的工艺条件进行过程危险和可操作性研究，是帝国化学工业公司（ICI，英国）最早确定要由一个多方面人员组成的小组执行危险和可操作性研究工作的。鉴于此，虽然某一个人也可能单独使用危险与可操作性研究方法，但这绝不能称为危险和可操作性研究。所以，危险和可操作性研究方法与其他安全评价方法的明显不同之处是：其他方法可由某人单独使用，而危险和可操作性分析则必须由一个多方面的、专业的、熟练的人员组成的小组来完成。

（六）故障类型和影响分析

故障类型和影响分析是系统安全工程的一种方法，根据系统可以划分为子系统、设备和元件的特点，按实际需要，将系统进行分割，然后分析各自可能发生的故障类型及其产生的影响，以便采取相应的对策，提高系统的安全可靠性。

故障类型和影响分析的目的是辨识单一设备和系统的故障模式及每种故障模式对系统或装置造成的影响。故障类型和影响分析的步骤为明确系统本身的情况，确定分析程度和水平，绘制系统图和可靠性框图，列出所有的故障类型并选出对系统有影响的故障类型，理出造成故障的原因。在故障类型和影响分析中不直接确定人的影响因素，但像人失误、误操作等影响通常作为一个设备故障模式表示出来。

故障类型和影响分析步骤如下：

（1）确定分析对象系统。根据分析详细程度的需要，查明组成系统的元素（子系统或单元）及其功能。

（2）分析元素故障类型和产生原因。由熟悉情况、有丰富经验的人员依据经验和有关的故障资料分析、讨论可能产生的故障类型和原因。

（3）研究故障类型的影响。研究、分析元素故障对相邻元素、邻近系统和整个系统的影响。

（4）填写故障类型和影响分析表格。将分析的结果填入预先准备好的表格，可以简洁明了地显示全部分析内容。

（七）故障树分析

故障树又称为事故树，是一种描述事故因果关系的有方向的“树”，是安全系统工程中的重要的分析方法之一。它能对各种系统的危险性进行识别评价，既适用于定性分析，又能进行定量分析，具有简明、形象化的特点，体现了以系统工程方法研究安全问题的系统性、准确性和预测性。

故障树分析的基本程序如下：

（1）熟悉系统。要详细了解系统状态及各种参数，绘出工艺流程图或布置图。

（2）调查事故。收集事故案例，进行事故统计，设想给定系统可能要发生的事故。

（3）确定顶上事件。要分析的对象事件即为顶上事件。对所调查的事故进行全面分析，从中找出后果严重且较易发生的事故作为顶上事件。

（4）确定目标值。根据经验教训和事故案例，经统计分析后，求解事故发生的概率（频率），作为要控制的事故目标值。

（5）调查原因事件。调查与事故有关的所有原因事件和各种因素。

（6）画出事故树。从顶上事件起，一级一级找出直接原因事件，到所要分析的深度，按其逻辑关系，画出事故树。

(7)定性分析。按事故树结构进行简化,确定各基本事件的结构重要度。

(8)事故发生概率。确定所有事件发生概率,标在故障树上,并进而求出顶上事件的发生概率。

(9)比较。比较分可维修系统和不可维修系统进行讨论,前者要进行对比,后者求出顶上事件发生概率即可。

(10)分析。故障树分析不仅能分析出事故的直接原因,而且能深入提示事故的潜在原因,因此在工程或设备的设计阶段、在事故查询或编制新的操作方法时,都可以使用故障树分析对其安全性作出评价。

(八)事件树分析

事件树分析是用来分析普通设备故障或过程波动(称为初始事件)导致事故发生的可能性。

在事件树分析中,事故是典型设备故障或工艺异常(称为初始事件)引发的结果。与故障树分析不同,事件树分析是使用归纳法(而不是演绎法),事件树可提供记录事故后果的系统性的方法,并能确定导致事件的后果事件与初始事件的关系。

事件树分析步骤如下:

(1)确定初始事件。初始事件可以是系统或设备的故障、人员的失误或工艺参数偏移等可能导致事故发生的事件。确定初始事件一般依靠分析人员的经验和有关运行、故障、事故统计资料来确定。

(2)判定安全功能。系统中包含许多能消除、预防、减弱初始事件影响的安全功能(安全装置、操作人员的操作等)。常见的安全功能有自动控制装置、报警系统、安全装置、屏蔽装置和操作人员采取措施等。

(3)发展事件树和简化事件树。从初始事件开始,自左至右发展事件树。首先把事件一旦发生时起作用的安全功能状态画在上面的分支,不能发挥安全功能的状态画在下面的分支。然后依次考虑每种安全功能分支的两种状态,层层分解直至系统发生事故或故障为止。

简化事件树是在发展事件树的过程中,将与初始事件、事故无关的安全功能和安全功能不协调、矛盾的情况省略、删除,达到简化分析的目的。

(4)分析事件树。事件树各分支代表初始事件一旦发生后其可能的发展途径,其中导致系统事故的途径即为事故连锁。

事件树分析适合被用来分析哪些产生不同后果的初始事件。它强调的是事故可能发生的初始原因以及初始事件对事件后果的影响,事件树的每一个分支都表示一个独立的事故序列,对一个初始事件而言,每一独立事故序列都清楚地界定了安全功能之间的功能关系。

(九)作业条件危险性评价法

美国的 K. J. 格雷厄姆(KenethJ. Graham)和 G. F. 金尼(GilbertF. Kinney)研究了人们在具有潜在危险环境中作业的危险性,提出了以所评价的环境与某些作为参考环境的对比为基础,将作业条件的危险性作为因变量(D),事故或危险事件发生的可能性(L)、暴露于危险环境的频率(E)及危险严重程度(C)作为自变量,确定了它们之间的函数式。根据实际经验他们给出了 3 个自变量的各种不同情况的分数值,采取对所评价的对象根据情况进行“打分”的办法,然后根据公式计算出其危险性分数值,在按经验将危险性分数值划分的危险程度等级表或图上,查出其危险程度的一种评价方法。这是一种简单易行的评价作业条件危险性的方法。

（十）定量风险评价方法

在识别危险分析方面，定性和半定量的评估是非常有价值的，但是这些方法仅是定性，不能提供足够的定量化，特别是不能对复杂的并存在危险的工业流程等提供决策的依据和足够的信息，在这种情况下，必须能够提供完全的定量的计算和评价。风险可以表征为事故发生的频率和事故的后果的乘积，定量风险评价对这两方面均进行评价，可以将风险的大小完全量化，并提供足够的信息，为业主、投资者、政府管理者提供定量化的决策依据。

对于事故后果模拟分析，国内外有很多研究成果。如美国、英国、德国等发达国家，早在80年代初便完成了以Burro、Coyote、ThorneyIsland为代表的一系列大规模现场泄漏扩散试验。在90年代，又针对毒性物质的泄漏扩散进行了现场试验研究。迄今为止，已经形成了数以百计的事故后果模型，如著名的DEGADIS、ALOHA、SLAB、TRACE、ARCHIE等。基于事故模型的实际应用也取得了发展，如DNV公司的SAFETYI软件是一种多功能的定量风险分析和危险评价软件包，包含多种事故模型，可用于工厂的选址、区域和土地使用决策、运输方案选择、优化设计、提供可接受的安全标准。ShellGlobalSolution公司提供的ShellFRED、ShellSCOPE和ShellShepherd三个序列的模拟软件涉及泄漏、火灾、爆炸和扩散等方面的危险风险评价软件。这些软件都是建立在大量试验的基础上得出的数学模型，有着很强的可信度。评价的结果用数字或图形的方式显示事故影响区域，以及个人和社会承担的风险。可根据风险的严重程度对可能发生的事故进行分级，有助于制定降低风险的措施。

第五节　安全评价报告

安全评价报告是安全评价工作过程形成的成果。安全评价报告的载体一般采用文本形式，为适应信息处理、交流和资料存档的需要，报告可采用多媒体电子载体。电子版本中能容纳大量评价现场的照片、录音、录像及文件扫描，可增强安全验收评价工作的可追溯性。

目前国内将安全评价根据工程、系统生命周期和评价的目的分为安全预评价、安全验收评价、安全现状评价和专项安全评价四类。但实际上可看成三类，即安全预评价、安全验收评价和安全现状评价，专项安全评价可看成安全现状评价的一种，属于政府在特定的时期内进行专项整治时开展的评价。在本节中简单介绍一下安全预评价、安全验收评价和安全现状评价报告的要求、内容及格式。

一、安全预评价报告

（一）安全预评价报告的要求

安全预评价报告的内容应能反映安全预评价的任务：建设项目的主要危险、有害因素评价；建设项目应重点防范的重大危险、有害因素；应重视的重要安全对策措施；建设项目从安全生产角度是否符合国家有关法律、法规、技术标准。

（二）安全预评价报告的内容

安全预评价报告应当包括如下重点内容。

1. 概述

(1)安全预评价依据。有关安全预评价的法律、法规及技术标准；建设项目可行性研究报告等建设项目相关文件；安全预评价参考的其他资料。

(2)建设单位简介。

(3)建设项目概况。建设项目选址、总图及平面布置、生产规模、工艺流程、主要设备、主要原材料、中间体、产品、经济技术指标、公用工程及辅助设施等。

2. 生产工艺简介

3. 安全预评价方法和评价单元

(1)安全预评价方法简介；

(2)评价单元确定。

4. 定性、定量评价

(1)定性、定量评价；

(2)评价结果分析。

5. 安全对策措施及建议

(1)在可行性研究报告中提出的安全对策措施；

(2)补充的安全对策措施及建议。

6. 安全预评价结论

(三)安全预评价报告书的格式

1. 封面

2. 安全预评价资质证书影印件

3. 著录项

4. 目录

5. 编制说明

6. 前言

7. 正文

8. 附件

9. 附录

二、安全验收评价报告

(一)安全验收评价报告的要求

《安全验收评价报告》是安全验收评价工作过程形成的成果。《安全验收评价报告》的内容应能反映安全验收评价两方面的义务：一是为企业服务，帮助企业查出安全隐患，落实整改措施以达到安全要求；二是为政府安全生产监督管理机构服务，提供建设项目安全验收的依据。

(二)安全验收评价报告的主要内容

1. 概述

(1)安全验收评价依据；

(2)建设单位简介；

(3)建设项目概况；

(4)生产工艺；

(5)主要安全卫生设施和技术措施；

(6)建设单位安全生产管理机构及管理制度。

2. 主要危险、有害因素识别

(1)主要危险、有害因素及相关作业场所分析；

(2)列出建设项目所涉及的危险、有害因素并指出存在的部位。

3. 总体布局及常规防护设施措施评价

(1)总平面布局；

(2)厂区道路安全；

(3)常规防护设施和措施；

(4)评价结果。

4. 易燃易爆场所评价

(1)爆炸危险区域划分符合性检查；

(2)可燃气体泄漏检测报警仪的布防安装检查；

(3)防爆电气设备安装认可；

(4)消防检查(主要检查是否取得消防安全认可)；

(5)评价结果。

5. 有害因素安全控制措施评价

(1)防急性中毒、窒息措施；

(2)防止粉尘爆炸措施；

(3)高、低温作业安全防护措施；

(4)其他有害因素控制安全措施；

(5)评价结果。

6. 特种设备监督检验记录评价

(1)压力容器与锅炉(包括压力管道)；

(2)起重机械与电梯；

(3)厂内机动车辆；

(4)其他危险性较大设备；

(5)评价结果。

7. 强制检测设备设施情况检查

(1)安全阀；

(2)压力表；

(3)可燃、有毒气体泄漏检测报警仪及变送器；

(4)其他强制检测设备设施情况；

(5)检查结果。

8. 电气安全评价

(1)变电所；

(2)配电室；

(3)防雷、防静电系统；

(4)其他电气安全检查；

(5)评价结果。

9. 机械伤害防护设施评价

(1)夹击伤害；

(2)碰撞伤害；

(3)剪切伤害；

(4)卷入与绞碾伤害；

(5)割刺伤害；

(6)其他机械伤害；

(7)评价结果。

10. 工艺设施安全联锁有效性评价

(1)工艺设施安全联锁设计；

(2)工艺设施安全联锁相关硬件设施；

(3)开车前工艺设施安全联锁有效性验证记录；

(4)评价结果。

11. 安全生产管理评价

(1)安全生产管理组织机构；

(2)安全生产管理制度；

(3)事故应急救援预案；

(4)特种作业人员培训；

(5)日常安全管理；

(6)评价结果。

12. 安全验收评价结论

在对现场评价结果分析归纳和整合基础上，作出安全验收评价结论。

(1)建设项目安全状况综合评述；

(2)归纳、整合各部分评价结果提出存在问题及改进建议；

(3)建设项目安全验收总体评价结论。

13. 安全验收评价报告附件

(1)数据表格、平面图、流程图、控制图等安全评价过程中制作的图表文件；

(2)建设项目存在问题与改进建议汇总表及反馈结果；

(3)评价过程中专家意见及建设单位证明材料。

14. 安全验收评价报告附录

(1)与建设项目有关的批复文件(影印件)

(2)建设单位提供的原始资料目录

(3)与建设项目相关数据资料目录

(三)安全验收评价报告的格式

1. 封面

2. 评价机构安全验收评价资格证书影印件

3. 著录项目录

4. 编制说明

5. 前言

6. 正文

7. 附件

8. 附录

三、安全现状评价报告

(一)安全现状评价报告的要求

安全现状评价报告的内容要求比安全预评价报告要更详尽、更具体,特别是对危险分析要求较高,因此整个评价报告的编制,要由懂工艺和操作的专家参与完成。

(二)安全现状评价报告的内容

安全现状评价报告一般具有如下内容。

1. 前言

包括项目单位简介、评价项目的委托方及评价要求和评价目的。

2. 评价项目概况

应包括评价项目概况、地理位置、自然条件、工艺过程、生产运行现状、项目委托约定的评价范围、评价依据(包括法规、标准、规范及项目的有关文件)。

3. 评价程序和评价方法

说明针对主要危险、有害因素和生产特点选用的评价程序和评价方法。

4. 危险性预先分析

应包括工艺流程、工艺参数、控制方式、操作条件、物料种类与理化特性、工艺布置、总图位置、公用工程的内容,运用选定的分析方法对生产中存在的危险、有害因素逐一分析。

5. 危险度与危险指数分析

根据危险、有害因素分析的结果和确定的评价单元、评价要素,参照有关资料和数据用选定的评价方法进行定量分析。

6. 事故分析与重大事故模拟

结合现场调查结果以及同行或同类生产的事故案例分析、统计其发生的原因和概率,运用相应的数学模型进行重大事故模拟。

7. 对策措施与建议

综合评价结果,提出相应的对策措施与建议,并按照风险程度的高低进行解决方案的排序。

8. 评价结论

明确指出项目安全状态水平,并简要说明。

(三)安全现状评价报告的格式

1. 前言

2. 目录

3. 第一章　评价项目概述

　第一节　评价项目概况

　第二节　评价范围

　第三节　评价依据

4. 第二章　评价程序和评价方法

　第一节　评价程序

　第二节　评价方法

5. 第三章　危险性预先分析

6. 第四章　危险度与危险指数分析

7. 第五章　事故分析与重大事故的模拟
　第一节　重大事故原因分析
　第二节　重大事故概率分析
　第三节　重大事故预测、模拟
8. 第六章　职业卫生现状评价
9. 第七章　对策措施与建议
10. 第八章　评价结论

第六章　安全技术措施计划的编制

第一节　安全生产投入基本要求

生产经营单位必须安排适当的资金，用于改善安全设施，更新安全技术装备、器材、仪器、仪表以及其他安全生产投入，以保证生产经营单位达到法律、法规、标准规定的安全生产条件，并对由于安全生产所必需的资金投入不足导致的后果承担责任。

安全投入资金具体由谁来保证，依据该单位的性质而定。一般来说，股份制企业、合资企业等安全生产投入资金由董事会予以保证；一般国有企业由厂长或者经理予以保证；个体工商户等个体经济组织由投资人予以保证。上述保证人承担由于安全生产所必需的资金投入不足，而导致事故后果的法律责任。

安全生产投入主要用于以下方面：

(1)建设安全技术措施工程，如防火工程、通风工程等；

(2)增设新安全设备、器材、装备、仪器、仪表等，以及这些安全设备的日常维护；

(3)重大安全生产课题的研究；

(4)按国家标准为职工配备劳动保护用品；

(5)职工的安全生产教育和培训；

(6)其他有关预防事故发生的安全技术措施费用，如用于制订及落实生产事故应急救援预案等。

第二节　安全技术措施计划的基本原则

生产经营单位为了保证安全资金的有效投入，应编制安全技术措施计划，该计划的核心是安全技术措施。

安全技术主要是运用工程技术手段消除物的不安全因素，来实现生产工艺和机械设备等生产条件的本质安全。

安全技术按照行业可分为：矿山安全技术、煤矿安全技术、石油化工安全技术、冶金安全技术、建筑安全技术、水利水电安全技术、旅游安全技术等。

按照危险、有害因素的类别可分为：防火防爆安全技术、锅炉与压力容器安全技术、起重与机械安全技术、电气安全技术等。

按照导致事故的原因可分为：防止事故发生的安全技术和减少事故损失的安全技术等。

一、防止事故发生的安全技术

防止事故发生的安全技术是指为了防止事故的发生，采取的约束、限制能量或危险物质，防止其意外释放的技术措施。常用的防止事故发生的安全技术有消除危险源、限制能量或危险物质、隔离等。

1. 消除危险源

消除系统中的危险源,可以从根本上防止事故的发生。但是,按照现代安全工程的观点,彻底消除所有危险源是不可能的。因此,人们往往首先选择危险性较大、在现有技术条件下可以消除的危险源,作为优先考虑的对象。可以通过选择合适的工艺、技术、设备、设施,合理结构形式,选择无害、无毒或不能致人伤害的物料来彻底消除某种危险源。

2. 限制能量或危险物质

限制能量或危险物质可以防止事故的发生,如减少能量或危险物质的量,防止能量蓄积,安全地释放能量等。

3. 隔离

隔离是一种常用的控制能量或危险物质的安全技术措施。采取隔离技术,即可以防止事故的发生,也可以防止事故的扩大,减少事故的损失。

4. 故障—安全设计

在系统、设备、设施的一部分发生故障或破坏的情况下,在一定时间内也能保证安全的技术措施称为故障—安全设计。通过设计,使得系统、设备、设施发生故障或事故时处于低能状态,防止能量的意外释放。

5. 减少故障和失误

通过增加安全系数、增加可靠性或设置安全监控系统等来减轻物的不安全状态,减少物的故障或事故的发生。

二、减少事故损失的安全技术

防止意外释放的能量引起人的伤害或物的损坏,或减轻其对人伤害或对物破坏的技术称为减少事故损失的安全技术。

在事故发生后,迅速控制局面,防止事故的扩大,避免引起二次事故的发生,从而减少事故造成的损失。

常用的减少事故损失的安全技术有隔离、个体防护、设置薄弱环节、避难与救援等。

1. 隔离

作为减少事故损失的隔离,是把被保护对象与意外释放的能量或危险物质等隔开。隔离措施按照被保护对象与可能致害对象的关系可分为:隔开、封闭和缓冲等。

2. 个体防护

个体防护是把人体与意外释放能量或危险物质隔离开,是一种不得已的隔离措施,但是却是保护人身安全的最后一道防线。

3. 设置薄弱环节

利用事先设计好的薄弱环节,使事故能量按照人们的意图释放,防止能量作用于被保护的人或物。如锅炉上的易熔塞、电路中的熔断器等。

4. 避难与救援

设置避难场所,当事故发生时人员暂时躲避,免遭伤害或赢得救援的时间。在事先选择撤退路线,当事故发生时,人员按照撤退路线迅速撤离。事故发生后,组织有效的应急救援力量,实施迅速的救护,是减少事故人员伤亡和财产损失的有效措施。

此外,安全监控系统作为防止事故发生和减少事故损失的安全技术,是发现系统的故障和异常的重要手段。安装安全监控系统,可以及早发现事故,获得事故发生、发展的数据,避免事故的发生或减少事故的损失。

第三节 安全技术措施计划的编制

一、编制安全技术措施计划的依据

编制安全技术措施计划应以“安全第一、预防为主”的安全生产方针为指导思想，以《安全生产法》等法律、法规、国家或行业标准为依据。目前主要有：1963 年国务院颁发的《关于加强企业生产中安全工作的几项规定》；1956 年劳动部、全国总工会颁布的《安全技术措施计划项目总名称表》；1977 年国家计委、财政部、国家劳动总局《关于加强有计划改善劳动条件工作的联合通知》；1979 年国家计委、国家经委、国家建委《关于安排落实劳动保护措施经费的通知》；1979 年国务院批转劳动总局、卫生部《关于加强厂矿企业防尘防毒工作的报告》及《中华人民共和国矿山安全法实施条例》等。

除此以外，编制安全技术措施计划还应依据考虑本单位的实际情况，包括：在安全生产检查中发现而尚未解决的问题；针对可能引发伤亡事故和职业病的主要原因所应采取的技术措施；针对新技术、新工艺、新设备等应采取的安全技术措施；安全技术革新项目和职工提出的合理化建议等。

二、安全技术措施计划的项目

安全技术措施计划的项目，包括改善劳动条件、防止事故、预防职业病、提高职工安全素质等技术措施。主要有以下几个方面：

(1)工业卫生技术措施。以改善对职工身体健康有害的生产环境条件、防止职业中毒与职业病的技术措施。如防尘、防毒、防噪声与振动、通风、降温、防寒等装置或设施。

(2)减轻劳动强度等其他安全技术措施。

(3)辅助措施。以保证工业卫生方面所必须的房屋及一切卫生性保障措施。如尘毒作业人员的淋浴室、更衣室或存衣箱、消毒室、妇女卫生室等。

(4)安全宣传教育措施。以提高作业人员安全素质的有关宣传教育设备、仪器、教材和场所等。如劳动保护教育室、安全卫生教材、挂图、宣传画、培训室、安全卫生展览等。

安全技术措施计划的项目应按《安全技术措施计划项目总名称表》执行，保证安全技术措施费用的合理使用。

三、编制安全技术措施计划的原则

(1)必要性和可行性原则。在编制计划时，一方面要考虑安全生产的需要；另一方面还要考虑技术可行性与经济承受能力。

(2)自力更生与勤俭节约的原则。编制计划时要注意充分利用现有的设备和设施，挖掘潜力，讲求实效。

(3)轻重缓急统筹安排的原则。对影响最大、危险性最大的项目应预先考虑，逐步有计划地解决。

(4)领导和群众相结合的原则。加强领导、依靠群众，使得计划切实可行，以便顺利实施。

四、安全技术措施计划的编制方法

1. 编制时间

年度安全技术措施计划应与同年度的生产、技术、财务、供销等计划同时编制。

2. 计划内容

编制措施计划一般包括以下几个方面的内容：

(1)单位和工作场所；

(2)措施名称；

(3)措施内容与目的；

(4)经费预算及来源；

(5)负责设计、施工单位及负责人；

(6)措施使用方法及预期效果。

3. 编制计划的布置

企业领导应根据本单位具体情况向下属单位或职能部门提出具体要求、进行编制计划布置。

4. 计划项目的确定与编制

下属单位确定本单位的安全技术措施计划项目，并编制具体的计划和方案，经群众讨论后，送上级安全部门审查。

5. 计划的审批

安全部门将上报计划进行审查、平衡、汇总后，再由安全、技术、计划部门联合汇审，并确定计划项目、明确设计施工部门、负责人、完成期限，成文后报厂总工程师审批。

6. 计划的下达

经理根据总工程师的意见，召集有关部门和下属单位负责人审查核定计划。根据审查、核定结果，与生产计划同时下达到有关部门贯彻执行。

五、安全技术措施计划的实施验收

编制好的安全技术措施计划要组织实施，项目计划落实到各有关部门和下属单位后，计划部门应定期检查。企业领导在检查生产计划的同时，应检查安全技术措施计划的完成情况。安全管理与安全技术部门应经常了解安全技术措施计划项目的实施情况，协助解决实施中的问题，及时汇报并督促有关单位按期完成。

已完成的计划项目要按规定组织竣工验收。交工验收一般应注意：所有材料、成品等必须经检验部门检验；外购设备必须有质量合格证明书；安全技术措施计划项目完成后，负责单位应向安全技术部门填报交工验收单，由安全技术部门组织有关单位验收；验收合格后，由负责单位持交工验收单向计划部门报完工，并办理财务结算手续；使用单位应建立台账，按《劳动保护设施管理制度》进行维护管理。

第七章　铁路工程施工安全检查

安全检查是指对生产过程及安全管理中可能存在的隐患、有害与危险因素、缺陷等进行查证，以确定隐患或有害与危险因素、缺陷的存在状态，以及它们转化为事故的条件，以便制定整改措施，消除隐患和有害与危险因素，确保生产的安全。

安全检查是安全管理工作的重要内容，是消除隐患、防止事故发生、改善劳动条件的重要手段。通过安全检查可以发现生产经营单位生产过程中的危险因素，以便有计划地制定纠正措施，保证生产的安全。

第一节　安全生产检查的类型及内容

一、安全生产检查的类型

1. 定期安全检查

定期检查一般是通过有计划、有组织、有目的的形式来实现的。如次/年、次/季、次/月、次/周等。检查周期根据各单位实际情况确定。定期检查的面广、有深度，能及时发现并解决问题。

2. 经常性安全检查

经常性检查则是采取个别的、日常的巡视方式来实现的。在施工(生产)过程中进行经常性的预防检查，能及时发现隐患，及时消除，保证施工(生产)正常进行。

3. 季节性及节假日前安全检查

由各级生产单位根据季节变化，按事故发生的规律对易发的潜在危险，突出重点进行季节性检查。如冬季防冻保温、防火、防煤气中毒；夏委防暑降温、防汛、防雷电等检查。

由于节假日(特别是重大节日，如元旦、春节、劳动节、国庆节)前后容易发生事故，因而应进行有针对性的安全检查。

4. 专项(业)安全检查

专项安全检查是对某个专项问题或在施工(生产)中存在的普遍性安全问题进行的单项定性检查。

对危险较大的在用设备、设施，作业场所环境条件的管理性或监督性定量检测检验则属专业性安全检查。专项检查具有较强的针对性和专业要求，用于检查难度较大的项目。通过检查，发现潜在问题，研究整改对策，及时消除隐患，进行技术改造。

5. 综合性安全检查

一般是由主管部门对下属各企业或生产单位进行的全面综合性检查，必要时可组织进行系统的安全性评价。

6. 不定期的职工代表巡视安全检查

由企业或车间工会负责人负责组织有关专业技术特长的职工代表进行巡视安全检查。重点查国家安全生产方针、法规的贯彻执行情况；查单位领导干部安全生产责任制的执行情况；

工人安全生产权利的执行情况；查事故原因、隐患整改情况；并对责任者提出处理意见。此类检查可进一步强化各级领导安全生产责任制的落实，促进职工劳动保护合法权利的维护。

二、安全生产检查的内容

安全检查对象的确定应本着突出重点的原则，对于危险性大、易发事故、事故危害大的生产系统、部位、装置、设备等应加强检查。一般应重点检查：易造成重大损失的易燃易爆危险物品、剧毒品、锅炉、压力容器、起重、运输、冶炼设备、电气设备、冲压机械、高处作业和本企业易发生工伤、火灾、爆炸等事故的设备、工种、场所及其作业人员；造成职业中毒或职业病的尘毒点及其作业人员；直接管理重要危险点和有害点的部门及其负责人。

安全检查的内容包括软件系统和硬件系统，具体主要是查思想、查管理、查隐患、查整改、查事故处理。

目前，非矿山企业，国家有关规定要求强制性检查的项目有：锅炉、压力容器、压力管道、高压医用氧仓、起重机、电梯、自动扶梯、施工升降机、简易升降机、防爆电器、厂内机动车辆、客运索道、游艺机及游乐设施等，作业场所的粉尘、噪声、振动、辐射、高温低温、有毒物质的浓度等。矿山企业要求强制性检查的项目有：矿井风量、风质、风速及井下温度、湿度、噪声；瓦斯、粉尘；矿山放射性物质及其他有毒有害物质；露天矿山边坡；尾矿坝；提升、运输、装载、通风、排水、瓦斯抽放、压缩空气和超重设备；各种防爆电器、电器安全保护装置；矿灯、钢丝绳等；瓦斯、粉尘及其他有毒有害物质检测仪器、仪表；自救器；救护设备；安全帽；防尘口罩或面罩；防护服、防护鞋；防噪声耳塞、耳罩。

第二节　安全生产检查的方法及工作程序

一、检查方法

1. 常规检查

常规检查是常见的一种检查方法。通常是由安全管理人员作为检查工作的主体，到作业场所的现场，通过感观或辅助一定的简单工具、仪表等，对作业人员的行为、作业场所的环境条件、生产设备设施等进行的定性检查。安全检查人员通过这一手段，及时发现现场存在的不安全隐患并采取措施予以消除，纠正施工人员的不安全行为。

这种方法完全依靠安全检查人员的经验和能力，检查的结果直接受安全检查人员个人素质的影响。因此，对安全检查人员要求较高。

2. 安全检查表法

为使检查工作更加规范，使个人的行为对检查结果的影响减少到最小，常采用安全检查表法。

安全检查表(SCL)是为了系统地找出系统中的不安全因素，事先把系统加以剖析，列出各层次的不安全因素，确定检查项目。并把检查项目按系统的组成顺序编制成表，以便进行检查或评审，这种表就叫做安全检查表。安全检查表是进行安全检查，发现和查明各种危险和隐患、监督各项安全规章制度的实施，及时发现事故隐患并制止违章行为的一个有力工具。

安全检查表应列举需查明的所有会导致事故的不安全因素。每个检查表均需注明检查时间、检查者、直接负责人等，以便分清责任。安全检查表的设计应做到系统、全面，检查项目应明确。

编制安全检查表主要依据：

(1)有关标准、规程、规范及规定；

(2)国内外事故案例及本单位在安全管理及生产中的有关经验；

(3)通过系统分析，确定的危险部位及防范措施，都是安全检查表的内容；

(4)新知识、新成果、新方法、新技术、新法规和标准。

在我国许多行业都编制并实施了适合行业特点的安全检查标准。如建筑、火电、机械、煤炭等行业都制定了适用于本行业的安全检查表。企业在实施安全检查工作时，根据行业颁布的安全检查标准，可以结合本单位情况制定更具可操作性的检查表。

3. 仪器检查法

机器、设备内部的缺陷及作业环境条件的真实信息或定量数据，只能通过仪器检查法来进行定量化的检验与测量，才能发现不安全隐患，从而为后续整改提供信息。因此必要时需要实施仪器检查。由于被检查对象不同，检查所用的仪器和手段也不同。

二、安全生产检查的工作程序

安全检查工作一般包括以下几个步骤。

1. 安全检查准备内容

(1)确定检查对象、目的、任务；

(2)查阅、掌握有关法规、标准、规程的要求；

(3)了解检查对象的工艺流程、生产情况、可能出危险危害的情况；

(4)制订检查计划，安排检查内容、方法、步骤；

(5)编写安全检查表或检查提纲；

(6)准备必要的检测工具、仪器、书写表格或记录本；

(7)挑选和训练检查人员，并进行必要的分工等。

2. 实施安全检查

实施安全检查就是通过访谈、查阅文件和记录、现场检查、仪器测量的方式获取信息。

(1)访谈。与有关人员谈话来了解相关部门、岗位执行规章制度的情况。

(2)查阅文件和记录。检查设计文件、作业规程、安全措施、责任制度、操作规程等是否齐全，是否有效；查阅相应记录，判断上述文件是否被执行。

(3)现场观察。到作业现场寻找不安全因素、事故隐患、事故征兆等。

(4)仪器测量。利用一定的检测检验仪器设备，对在用的设施、设备、器材状况及作业环境条件等进行测量，以发现隐患。

3. 通过分析做出判断

掌握情况(获得信息)之后，就要进行分析、判断和检验。可凭经验、技能进行分析、判断，必要时可以通过仪器、检验得出正确结论。

4. 及时做出决定进行处理

做出判断后应针对存在的问题做出采取措施的决定，即通过下达隐患整改意见和要求，包括要求进行信息的反馈。

5. 整改落实

通过复查整改落实情况，获得整改效果的信息，以实现安全检查工作的闭环。

第八章 铁路工程基本作业施工安全

第一节 施工用电

一、一般规定

(1)施工临时用电系统中的三项基本安全技术原则,是施工现场用电的主要安全技术依据,也是保障用电安全、防止触电和电器火灾事故的主要技术措施。

三级配电是指:第一级总配电箱,第二级分配电箱,第三级开关箱。TN—S 接零保护系统是指施工临时用电实行"三相五线制",即供电系统设三条相线、一条工作零线 N 线、一条保护零线 PE 线,且 PE 线按规定接地。二级保护系统是指应在总配电箱和开关箱内设置漏电保护。

施工用电应采用电源中性点直接接地的 380 V/220 V 三相五线制低压电力系统,并必须符合下列规定:

①采用三级配电系统。

②采用 TN—S 接零保护系统。

③采用二级保护系统。

(2)当采用 10 kV 及以上高压电力系统时,应执行《铁路隧道工程施工安全技术规程》(TB 10405—2009)的有关规定。

(3)施工用电设备数量在 5 台及以上,或用电设备容量在 50 kW 及以上时,应编制施工用电施工组织设计,经技术负责人批准后实施。施工用电设备数量在 5 台以下,或用电设备容量在 50 kW 以下时,应制订安全用电和电气防火措施。

触电及电气火灾发生的概率与用电设备数量、种类、分布和计算负荷大小有关,对于用电设备数量较多(5 台及以上)、用电设备总容量较大(50 kW 及以上)的施工现场,为规范临时用电工程、加强用电管理、实现安全用电,按照现行行业标准《施工现场临时用电安全技术规范》(JGJ 46)的规定,应编制施工临时用电施工组织设计。其中,计算的依据是用电设备的容量、类别、分组、运行规律等,并应绘制配电装置布置图。

安全用电和电气防火措施应包含技术和管理两方面的内容,并且与临时用电施工组织设计一样,严格履行相同的编制、审核、批准程序。

(4)施工现场应由专业技术人员建立用电安全技术档案,定期对电力系统进行检查、测量。按照现行行业标准《施工现场临时用电安全技术规范》(JGJ 46)的规定,用电安全技术档案应包括下列内容。

①用电组织设计的全部资料。

②修改用电组织设计的资料。

③用电技术交底资料。

④用电工程检查验收表。

⑤电气设备的试、检验凭单和调试记录。

⑥接地电阻、绝缘电阻和漏电保护器、漏电动作参数测定记录表。

⑦定期检(复)查表。

⑧电工安装、巡检、维修、拆除工作记录。

(5)施工电源及高低压配电装置应设专职人员负责运行与维护。

(6)施工现场应对电工和用电人员进行安全用电教育培训和技术交底。电工必须持证上岗。

(7)保护零线应由工作接地线、发电机中性点处、配电室、总配电箱、电源侧零线或总漏电保护器电源侧零线处引出,接地电阻值不应大于 10 Ω。施工现场内所有防雷装置的冲击接地电阻值不得大于 30 Ω。

其中:中性点是指三相电源作 Y 连接时的公共连接端。中性线是指由中性点引出的导线。工作零线是指中性点接地时,由中性点引出,并作为电源线的导线,工作时提供电流通路。保护零线是指中性点接地时,由中性点或中性线引出,不作为电源线,仅用作连接电气设备外漏可导电部分的导线,工作时仅提供漏电流通路。

(8)电气设备的金属外壳必须与保护零线连接。低压电器设备和器材的绝缘电阻严禁小于 0.5 MΩ。

(9)自备发电机组电源应与外电线路电源联锁,严禁并列运行供电。发电机组应设置短路保护和过载保护。

(10)架空线路、电缆线路必须有短路保护和过载保护。

(11)施工用电设施安装后,必须经过验收合格,方可投入使用。

(12)电气设备或线路发生火警时,应首先切断电源,在未切断电源之前,严禁使身体接触导线或电气设备,严禁用水进行灭火。

(13)发生人身触电时,应立即切断电源,方可对触电者做紧急救护。严禁在未切断电源之前与触电者直接接触。

(14)电气装置遇跳闸时,应查明原因排除故障后,方可再行合闸,严禁强行合闸。

(15)施工现场电动建筑机械或手持式电动工具的电源连接线,必须按其容量选用无接头的铜芯橡皮护套软电缆。其中绿黄双色线在任何情况下只可用作保护零线或重复接地线。

(16)按照现行国家标准《建筑物防雷设计规范》(GB 50057)和《塔式起重机安全规程》(GB 5144)的规定,结合全国各地年平均雷雨日数分布规律和施工现场机械设备高度,综合规定施工现场防止直击雷装置的设置和要求。相邻建筑物、构筑物等设施的防雷装置接闪器的保护范围是指按滚球法确定的保护范围。施工升降机、钢管脚手架等金属设施在相邻建(构)筑物的防雷装置的保护范围以外时,应按表 8-1 规定的高度设置防雷装置。

表 8-1 施工现场需安装防雷装置的机械设备及高架设施高度规定

地区年平均雷雨日/d	机械设备及高架设施高度/m
≤15	≥50
15～40	≥32
40～90	≥20
>90 及雷害特别严重地区	≥12

(17)雷雨季节前,避雷装置应进行一次预防性试验,并应测量接地电阻。雷电后,应对阀型避雷器的瓷瓶、连接线和地线进行检查,确保完好无损。

二、配电线路

1. 施工用电架空线路应符合下列规定：

(1)应采用绝缘导线。

(2)应设横担和绝缘子，并架设在电杆上。

(3)导线截面应满足计算负荷、线路末端电压偏移和机械强度要求。

(4)架空线导线截面的选择应满足下列要求：

①导线中的计算负荷电流不大于其长期连续负荷允许载流量；

②线路末端电压偏移不大于其额定电压的5%；

③三相四线制线路的N线和PE线截面不小于相线截面的50%，单相线路的零线截面与相线截面相同；

④按机械强度要求，绝缘铜线截面不小于10 mm；绝缘铝线截面不小16 mm；

⑤在跨越铁路、公路、河流、电力线路档内，绝缘铜线截面不小于16 mm。绝缘铝线截面不小于25 mm。

2. 电杆埋设应牢固，回填土应夯实。

3. 不得在外电架空线路正下方搭设作业棚、建造生活设施或堆放构件、材料及其他杂物等。

4. 与外电架空线路的安全距离应符合下列规定：

(1)在架空线路一侧施工时，在建工程应与架空线路边缘之间保持安全操作距离，其值应符合表8-2的规定。

表8-2　在建工程(含脚手架)的外侧边缘与外电架空线路边线之间的安全距离

外电线路电压等级/kV	<1	1～10	35～110	220	330～500
最小安全操作距离/m	4.0	6.0	8.0	10	15

(2)施工现场的机动车道与外电架空线路交叉时，架空线路的最低点与路面的最小垂直距离应符合表8-3的规定。

表8-3　施工现场的机动车道与外电架空线路交叉时垂直距离

外电线路电压等级/kV	<1	1～10	35
最小垂直距离/m	4.0	7.0	7.0

(3)起重机的任何部位或被吊物边缘与10 kV以下的架空线路边缘最小水平距离不得小于2.0 m。

(4)防护设施与外电线路之间的安全距离应符合表8-4的规定。

表8-4　防护设施与外电线路之间的安全距离

外电线路电压等级/kV	≤10	35	110	220	330	500
最小安全距离/m	1.7	2.0	2.5	4.0	5.0	6.0

5. 施工用电缆线路应符合下列规定：

(1)不应沿地面明设，当必需明设时应加设防护管；

(2)直接埋地敷设时应覆盖硬质保护层；

(3)穿越建筑物、铁路、道路等易受损伤的场所时，应加设防护管。

6. 电缆架空敷设时，应沿墙或电杆做绝缘固定，严禁沿脚手架、树木等敷设。最大弧垂处距地面不得小于 2.0 m。

7. 施工现场低压供电线路的干线和分支线的终端，沿线每 1 km 处的保护零线以及配电室或总配电箱的保护零线应作重复接地。重复接地的接地电阻值不应大于 10 Ω。

8. 竖井、垂直孔洞内的电缆线路应分段固定。

9. 电源导线严禁直接绑扎在金属架上。

10. 在跨越铁路、公路、河流、电力线路的档距内，架空线不应有接头。

【案例】 广东揭阳一工地发生特大触电事故 12 人惨死

(1)事件经过

2004 年 4 月 8 日，中润钢铁有限公司为扩建厂房，在该厂毗邻的围墙外扩大用地面积。晚上 7 时许，打桩承包人陈某将一批打桩物资拉到工地北面的地方。为看管这些物资，中润钢铁有限公司副总经理陈少鹏叫本公司的 10 名工人，连同工地的十几名工人，一起将位于工地南面的铁结构的瞭望亭搬到北面。他们大约搬移了 200 m，瞭望亭的上端碰到在工地东北面处的 3 条东西走向的万伏高压线，从而导致了惨剧的发生。

图 8-1 瞭望亭与高压线基本上一样高

(2)事故原因

①中润钢铁有限公司未及时处理高压线方面的安全隐患。高压线架设采用的是 12 m 电杆，架设后的高压线与原地面距离有 7 m 以上，因厂方进行“三通一平”填土，致使高压线距现地面的高度减少，再加上厂方未及时与供电部门联系，且该片土地毗邻原有厂房，场地较为隐蔽，未向有关部门申办手续，从而逃避了有关部门监控，使重大安全隐患未能及时排除。

②该公司副总经理陈少鹏违章指挥，在不了解情况和打桩承包人在场的情况下，擅自要求该厂工人搬动瞭望亭至东北方向(该亭长 2.5 m、宽 2.3 m、高 5.3 m)。

③工人缺乏安全用电常识和自我保护的安全意识，在搬动瞭望亭时，只顾下面，不顾上面，致使高达 5.3 m 的瞭望亭触到高压线，导致触电。

11. 应将黑色线作保护线，严禁颠倒相序。

【案例】　相线与零线接线颠倒造成的触电死亡事故

(1)事故经过

某建筑工地正在紧张施工，搅拌机和好了水泥后停下来。一位工人推车过来接水泥，正当搅拌机向外倒水泥时，手扶推车把手的工人突然感到麻电，大喊有电，于是停止工作，找来电工修理，电工王某来后，用验电笔测搅拌机外壳果然有电，就把搅拌机上的开关拉开，再一测还有电，就跑到前一级开关箱，拉开了控制搅拌机回路的铡刀开关。这时，他认为不会再有电了，没再验电，就伸手抓住搅拌机动力箱的铁门，只听"啊"的一声王某倒地，在场的人员立即扯着他的裤脚，将他拉出，送到医院抢救无效死亡。

(2)事故原因分析

控制搅拌机的开关箱的电源是从总的配电箱配出的，总配电箱控制搅拌机回路的开关的三相导线中有一相是黑色的，而没经开关的保护线是灰色的，就在搅拌机和好水泥后，工地"二包"队伍的一位电工，要为本队临时接一照明灯，它把开关拉开，负荷线撤掉，接好照明，在恢复原负荷时，他认为黑色线应该是保护线，就把黑线和原来的保护线互换了以下，把原来的保护线接到电流的相线上，相线接在搅拌机外壳，当电工王某拉开两级开关时，由于三相开关并不能切断接在外壳上的相线，所以搅拌机仍然带电，导致电工王某触电死亡。

(3)事故结论

①原线中总开关箱内的相序并没有按习惯做法把黑色线作为保护线，埋下了造成事故的隐患。

②"二包"队伍的电工在恢复原接线时，主观的把相序颠倒使搅拌机带电，是造成事故的直接原因。

③电工王某在检修中虽然拉下二级开关，但并没有切断在外壳上的相线，又没有认真验电，也是发生事故的原因。

三、配电室、配电箱及开关箱

(1)配电室的设置及布置应符合现行行业标准《施工现场临时用电安全技术规范》(JGJ 46—2005)第 6.1.1 条～第 6.1.4 条的规定。配电室应单独设立，并设有操作、维护通道，保持整洁、畅通，严禁堆放杂物。

(2)配电柜应符合下列规定：

①两端应做接地(接零)。

②名称、用途、分路应做标记。

③严禁直接挂接临时用电设备。

④配电柜或线路维修时应挂停电标志牌。停、送电必须由专人负责，停止作业时应断电上锁。

(3)总配电箱应靠近电源区域，分配电箱应设在用电设备相对集中的区域，与开关箱的距离严禁大于 30 m，开关箱应靠近用电设备，与用电设备水平距离不宜大于 3 m。

(4)当动力配电与照明配电必需合置在同一箱内时，应分路设置。

(5)配电箱、开关箱应采用厚度为 1.2～2.0 mm 的铁板或阻燃绝缘材料制作，应能防雨、防尘。配电箱、开关箱应装设端正、牢固。

(6)配电箱、开关箱应装设在干燥、通风、无外来物体撞击的场所，其周围应有足够 2 人同时工作的空间和通道。

(7)配电箱必须分设N线端子板和PE线端子板。总配电箱应设总隔离开关、分隔离开关、漏电保护器等电气设备。分配电箱应设总隔离开关、分隔离开关。开关箱应设隔离开关、漏电保护器,实行"一机一闸一漏"制,严禁设置分路开关。

(8)配电箱电力容量在15 kW及以上的电源开关严禁采用瓷底胶木刀型开关。4.5 kW及以上的电动机严禁用刀型开关直接启动。刀型开关应采用静触头接电源,动触头接载荷,严禁倒接线。

(9)配电箱、开关箱应有名称、用途、分路标记,有锁、有防雨措施,严禁放置杂物,并由专人负责定期进行检查、维修。

(10)对配电箱、开关箱进行维修、检查时,必须将其前一级电源断开,严禁带电作业。

【案例】 偷偷换保险电弧烧灼伤

(1)事故经过

2005年2月23日11时30分,某化工厂电位车间维修班维护电工鄢某,在检修二级中控配电室低压电容柜时,在未断电的情况下,直接用手钳拔插式保险。因操作不当,手钳与相邻的保险搭接引起短路,形成的电弧将面对电容柜的鄢某的双手、脸、颈脖部大面积严重灼伤。幸亏被送进医院及时救治,鄢某才脱离了生命危险。但电气短路烧毁了电容柜上部分电气元件,造成该柜连接系统单体停车长达3.5 h,给生产造成了较大损失。

(2)事故原因

①鄢某严重违反《电气安全检修规程》中"不准带电检修作业"的规定。心存侥幸,冒险蛮干,在该电容柜完全可以断电检修的情况下,却带电检修作业,是发生事故的主要原因。

②鄢某习惯性违章作业。在拔插式保险时,本来可以用岗位上配备的专用工具——保险起拔器。可是,他自以为经验十足,懒得去拿,却用手钳直接带电拔保险,而导致电容柜短路并产生电弧导致自己灼伤和系统停车,是发生事故的直接原因。

③鄢某在检修前,未编制设备检修方案,未填写检修任务书,未办理设备检修许可证,更没有与岗位操作人员取得联系,趁操作人员中午买饭的时候,想偷偷地把保险换掉,使自己的违章行为神不知鬼不觉。结果,习惯性违章终于使他在小河沟内翻了船,是发生事故的一个重要原因。

④岗位当班操作工海某严重失职失责。本来已发现鄢某在岗位上转来转去不愿离去,已意识到他可能有什么事情要做,但不闻、不问、不沟通、不追查、不提醒,结果他去买饭的短短几分钟,却给鄢某违章行为造成可趁之机。

⑤电仪车间安全管理不到位,不严格,有死角。规章制度制定的不少,讲的也多,但落实的不够,违章行为没有真正得到有效消除。电仪车间安全教育不到位,流于形式,没有深入到员工特别是违章者的思想上。

(11)每台用电设备必须设各自专用的开关箱,严禁用同一个开关箱直接控制两台及以上用电设备。

(12)漏电保护器应符合现行国家标准《漏电电流动作保护器》(GB 6829)的规定。

【案例】 集包二线某工地配电箱没有门,存在用电安全隐患,如图8-2所示。

四、照　　明

(1)施工现场的光照度应能满足相关作业的需要。

(2)施工照明供电电压应符合下列规定:

图 8-2 配电箱没有门

①一般场所应为 220 V。

②行灯电压不得大于 36 V。行灯是活动的用以行动照明的灯具，经常手持使用，行灯应防触电、防爆、防火，并符合下列要求：

a. 灯体与手柄应坚固、绝缘良好，手柄应耐热、耐潮湿；

b. 灯头与灯体结合牢固，灯头无开关；

c. 灯泡外部有金属保护网；

d. 金属网、反光罩、悬吊挂钩固定在灯具的绝缘部位上。

③高温、有导电粉尘、狭窄场所及隧道作业地段，不得大于 36 V。

④潮湿和易触及照明线路场所，不得大于 24 V。

⑤特别潮湿场所、导电良好的地面、锅炉或金属容器内，不得大于 12 V。

(3)潮湿场所应选用密闭式或防水式照明器具；有爆炸和火灾危险的场所，按危险等级选用防爆型照明器具。

(4)施工照明使用的 220 V 碘钨灯应固定安装，其高度不得低于 3 m，距易燃物不得小于 0.5 m 并不得直接照射易燃物，不得使用简易碘钨灯作为照明灯具。

(5)夜间可能影响行人、车船、飞行器等安全通行的施工部位或设施、设备，必须设置警戒照明。

第二节 施工现场防火

一、一般规定

(1)施工单位应建立施工消防管理制度、防火安全责任制、动火审批制度和易燃易爆物品的管理办法。

(2)施工现场应制订火灾应急预案，并进行预案演练。

(3)施工现场应划分防火责任区，应根据现场需要合理配备灭火器材。施工现场灭火器材配备应符合现行国家标准《建筑灭火器配置设计规范》(GB 50140)的规定，其他消防重点区域如：油库、木工作业区、仓库等也应设置消防器材。现场的消防器材应按“五五”配置即：五个水桶、五把锹、五个沙箱、五个灭火器、五个防火钩。

【案例】 京石客运专线某隧道，一灭火器压力不足(图 8-3)，不符合现行国家标准《建筑灭火器配置设计规范》(GB 50140)的规定。

(4)各类灭火器材、消火栓及水带应经常检查和维护保养。各类消防器材应定期检查及时更新。

(5)施工现场发生火灾险情时,应立即启动应急预案,及时向当地消防部门报警,并清理通道,为消防灭火做好准备。

图 8-3　灭火器压力不足

二、办公生活区防火

(1)施工现场房屋的建筑构件和建筑材料的防火性能必须符合国家现行标准的要求。

(2)施工现场房屋内装修、装饰应选用不燃、难燃的合格材料。

(3)电器取暖设备无人监控时应断电。

(4)采用火炉取暖时,火炉应与易燃品隔离,并设负责人及值班人员。

(5)应设消防通道,室外宽 4 m,室内宽 0.9 m,并保持畅通。

【案例】 2010 年 5 月 3 日 22:40 分,集包铁路施工单位二道河隧道附近租住的房屋发生火灾事故,造成 10 人死亡,14 人受伤。建工电〔2010〕68 号电报:取消施工单位投标资格 4 个月。

三、生产、辅助生产区防火

(1)施工现场应明确划分禁火区,并设置明显警示标志。

(2)现场应在明显易取处设置灭火器、水桶、沙箱、锹、耙等防火专用工具,并有防雨防冻措施,同时指定专人维护、管理、定期更新,保证状态完好。防火专用工具应"五五配置",灭火器应按不同的种类在有效期内使用,超期或失效时应及时更新。

(3)在仓库、油库、配电室、木工作业场所、焊割现场及存放易燃、易爆物品场所等地点严禁动用明火,并设置明显的"禁止烟火"标志。上述场所及重要机械设备处应配备相应的消防灭火器材。

(4)焊、割作业开始前,应将作业现场下方和周围的易燃物清理干净。当无法达到要求必须作业时,应采取浇湿、隔离等安全措施。作业结束时,应认真检查现场,在确认无余热引起燃烧危险时,方可离开。

(5)焊、割作业严禁与涂漆、喷漆、脱漆、木工等易燃操作同时、同部位上下交叉作业。

(6)焊、割作业结束或离开操作现场时,必须切断电源、气源。赤热的焊嘴、焊钳以及焊条头等,禁止放在易燃、易爆物品和可燃物上。

(7)喷漆、涂漆的场所应有良好的通风,防止油漆挥发气体浓度达到极限,引起火灾或爆炸。

(8)电气设备和线路应经常检查,发现可能引起火花、短路、发热和绝缘损坏等情况时,必须立即修理。

(9)在易燃、易爆环境中,应采用防爆的电器设备,严禁进行产生火花的施工和带电作业。

(10)野外动火作业,应遵守护林防火的有关规定。

(11)熬制焊锡、绝缘胶、硫磺、石蜡及沥青防腐剂时,应选择空旷场地,并远离易燃、易爆物品且应避开地下管线。

【案例】 2010年3月28日凌晨1时40分,福州南站基本站台北端往南约50 m处(K883+231)电缆沟内电力电缆起火,2时08分中铁某局职工发现并报告,2时15分左右中铁建工福州南站项目部组织施救,火势很快扑灭,有效控制火灾事件的扩大,造成福州端1/3#道岔无表示,S4、S6、S8出发信号机灯丝断丝报警故障。9时中铁电化局温福四电项目部进行停电故障抢修,3月29日2时00分通号公司信号电缆抢修完毕并恢复,29日2时50分中铁电化局温福四电项目部恢复正常送电。

该起火的一级负荷贯通线电力电缆(YJV62-8.7/10千伏1×50)由于未进行成品保护,电缆受到外力挤压或物体打击造成电缆绝缘损伤,受到外伤也未发现,造成单相接地故障,一定时间后发生火灾,并殃及未敷设在支架上的邻近通信信号电缆及电力电缆,导致5根电力电缆烧坏(其中福州南站YJV22-8.7/15千伏3×240电源电缆线路2根,连江—福州南一级贯通电源YJV62-8.7/10千伏1×50电缆线路1根,福州南站低压电缆2根),通信信号电缆共计20根(电缆槽支架上的9根LEU应答器电缆,地面上3根LEU应答器电缆、6根24芯信号电缆、2根33芯道岔电缆)被烧损。

第三节 材料储运

一、材料储存

(1)各种材料应按品种、规格、型号堆码整齐、稳妥。金属材料、木料及构配件等的底部应按规定加设垫块,并应符合下列规定:

①易于滑滚的材料堆放时必须捆绑牢固,高度不得超过2 m。

②片石堆放高度不得超过1 m,条石、块石堆放高度严禁超过1.5 m,砖块堆放高度不得超过2 m,并应平置堆放,互相压叠。

③人工堆放袋装材料时,高度不得超过1.5 m。

④堆放钢板及钢杆件时,高度不得超过1 m,每层应用垫木隔开。

⑤存放压缩气瓶时,应立放于无油、干燥、通风良好、无日光直射的室内。

(2)铁路封闭区域内一般不应存放材料,确需临时存放时,应放置在栅栏(墙)边,严禁侵入规定的铁路限界。《铁路技术管理规程》规定直线地段建筑接近限界:距线路中心1 400 mm时,高度不得超过钢轨顶面25 mm;距线路中心1 500~1 725 mm时,高度不得超过钢轨顶面200 mm;距线路中心1 725~1 875 mm时,高度不得超过钢轨顶面350 mm;距线路中心1 875~2 400 mm时,高度不得超过钢轨顶面1 100 mm。

(3)营业线施工存放在线路外侧的钢轨,轨枕,组装的道岔,供电、通信、信号的电杆,未安装完的电缆箱盒等半成品,必须放置平稳,严禁侵入规定的铁路限界,必要时应采取加固措施。钢轨放在轨道电路引入线外时,应采取防连电措施。

(4)靠近线路存放的材料,严禁侵入规定的铁路限界。道砟、片石、砂子等材料每次卸车后,施工负责人应组织人员全面检查存放情况,不符合规定或存放不稳固的应立即清理。

(5)在桥梁及站台风雨棚等高处存放材料时,必须对其结构、承载力、稳定性进行检算,确保结构安全。

(6)在桥梁及站台风雨棚等处放置材料时,人员、物料、机械不能放置在一侧,防止偏载和荷载过重超过结构物的承载力。铁路施工中曾有类似情况发生，造成重大安全事故。

二、材料装卸与运输

(1)装卸、搬运作业应符合下列规定：

①装卸、搬运作业场地应平坦，跳板应坚固牢靠，跳板坡度不得大于 1∶3，并有防滑措施。

②作业前应对物料种类、性质、质量、装运地点及安全注意事项进行交底。

③装卸、搬运危险品必须符合国家现行的有关易燃、易爆、有害物品管理规定，并按现行行业标准《汽车危险货物运输、装卸作业规程》(JT 3145)操作，轻搬轻放。在装卸、搬运有毒和腐蚀性物品时，应采取可靠的防护措施。

(2)大型构件的装卸应符合下列规定：

①大型构件的装卸应制订专项安全技术措施，并由专人指挥。

②吊装作业必须符合相关规定。

③吊车装卸时，停留起吊设备的场地应平整、坚固，避开沟渠、坑洞或松软土质。

吊车撑脚的支垫应保证起吊时车身平稳，吊车前后轮应固定牢靠。拖车、平板车应制动，前后轮应塞楔牢固。

④在成堆的构件中起吊时，应防止相邻构件倒塌或翻滚，对未起吊构件必须捆牢。

⑤装车时，构件重心应放在车厢中心位置处，并将构件绑扎牢固，支垫平稳。

(3)当使用轻型小车装运材料时，前后两车宜保持 2 m 以上间距，上下坡道时宜保持 10 m 以上间距。

(4)大型物件和重型机械设备的运输，必须符合运输管理部门的有关规定。

(5)使用轨道平车运输大型构件应符合下列规定：

①轨道铺设应平直、圆顺，轨距应在允许误差之内。

②长钢轨运输时，当轨道曲线半径在 500 m 以下时，应限速 45 km/h；当曲线半径在 300 m以下及侧向通过道岔时，应限速 25 km/h。

③应检查确认平车的转向托盘或转盘、制动器状态完好，构件支撑牢固。

④应设专人押运，严禁溜放。

(6)使用平板拖车运输大型构件应符合下列规定：

①在运输前，应对运输线路的等级、坡度、曲线半径、路面完整情况，沿途公路桥梁、涵洞的承载能力，桥涵高度、宽度等进行全面检查，必要时应采取加固措施。

②运输超限构件必须向有关部门申报，经批准后，在指定的线路上行驶。牵引车上应悬挂安全警示标志，超高部件应设专人看护，并配有适当的备用工具。

③速度不宜大于 5 km/h。简支梁的运输，除在横向加斜撑防止倾覆外，平板车上的搁置点必须设有转盘。

④除一名主驾驶员外，应指派一名副驾驶员，协助瞭望行车线路周围障碍物的情况，发现问题应停车处理。

⑤重车下坡时应避免急刹车。驶向转弯或险要地段时，应降低车速，鸣笛示警。

⑥在暴风雪、雷雨、大雾天及泥泞的硬滑路面上不得运输。在较好天气运输时，遇长大陡坡，必须提前采取措施。

(7)在水上运输大型构件应符合下列规定：

①驳船装卸运输大型构件时，应符合航运部门的有关规定，船长必须事先熟悉运输航道和

所运构件的特点，非船员不得掌舵开航。

②装运构件时，应根据驳船的载运能力装载，不准超载。如构件重量不够，则应用重物压仓，以提高船舶稳定性。

③构件吊装入船后，应绑扎牢固，支垫平稳。驳船使用拖轮牵引转弯时应减速，并不得与其他建筑物碰撞。

④拖轮牵引构件时，应事先了解航线经过处的水深、流速、障碍物等情况，并制订拖轮牵引方案。当使用多艘拖轮牵引时，应配备对讲机或移动电话等通信器材，并统一指挥。

⑤大型预制构件在水运中，应根据构件的高度确定其露出水面的高度，并不应小于 0.5 m。

⑥当需临时封闭航道时，应经航运监督部门批准，并派出监护船只跟踪监护。在深水航道行船时，船上作业人员应备救生设备。遇有雨雪、大风天气时，人在船上走动应防滑。

⑦拖轮拖运构件时，应随时检查牵引索和大型构件的可靠性和稳定性。发现有异常现象时，应及时采取措施。

第四节　危险物品

一、化学物品

(1)贮存、运输、使用危险化学品的人员，必须接受有关法律、法规、规章和安全知识、专业技术、职业卫生防护、应急救援知识的培训，并经考核合格，方可上岗作业。

(2)危险化学品使用单位应制订事故应急救援预案，配备应急救援人员和必要的应急救援器材、设备，并定期组织演练。

(3)根据危险化学品的种类、特性，在库房等作业场所应设置相应的监测、通风、防晒、调温、防火、防爆、泄压、防毒、中和、防潮、防雷、防静电、防腐、防渗漏、防护围堤或隔离操作等安全设施、设备，并按照国家标准和国家有关规定进行维护、保养，确保符合安全运行要求。

(4)危险化学品贮存应符合下列规定：

①贮存危险化学品的仓库及场所应设专人管理，管理人员必须配备可靠的个人安全防护用品。

②贮存的危险化学品应有明显的标志，标志应符合有关规定。同一区域贮存两种或两种以上不同级别的危险品时，应按最高等级危险物品的性能标志。

③危险化学品按性能分区、分类、分库贮存。各类危险化学品不得与禁忌物料混合贮存。

④贮存危险化学品的建筑物、区域内严禁吸烟和使用明火。

⑤危险化学品贮存应符合危险化学品分类、分项、容器类型、贮存方式和消防的要求。贮存量及贮存规定应按表 8-5 确定。

表 8-5　贮存量及贮存规定

贮存类别 贮存要求	露天贮存	隔离贮存	隔开贮存	分离贮存
平均单位面积贮存/(t/m²)	1.0～1.5	0.5	0.7	0.7
单一贮存区最大贮量/t	2 000～2 400	200～300	200～300	400～600
垛距限制/m	2	0.3～0.5	0.3～0.5	0.3～0.5
通道宽度/m	4～6	1～2	1～2	5
墙距宽度/m	2	0.3～0.5	0.3～0.5	0.3～0.5
与禁忌品距离/m	10	严禁同库贮存	严禁同库贮存	7～10

(5)危险化学品入库后应采取适当的养护措施。在贮存期内,定期检查,发现其品质变化、包装破损、渗漏、稳定剂短缺等,应及时处理。

(6)危险化学品出入库,必须进行核查登记,检验物品质量、数量、包装情况、有无泄漏。当物品性质不清时不得入库。

(7)对剧毒化学品的流向、储存量和用途必须如实记录,防止剧毒化学品被盗、丢失或误用;发现剧毒化学品被盗、丢失或误用时,必须立即向当地公安部门报告。

(8)剧毒化学品以及储存数量构成重大危险源的其他危险化学品必须在专用仓库内单独存放,实行双人收发、双人保管制度。

(9)运输、装卸、搬运及使用危险化学品时,应根据危险化学品的危险特性,按有关规定执行,采取安全防护措施,做到轻装、轻卸。严禁摔、碰、撞、击、拖拉、倾倒和滚动。严禁用同一车辆运输互为禁忌的物品。

(10)装卸及使用对人身有毒害及腐蚀性的物品时,操作人员应根据危险性,穿戴相应的防护用品。

(11)修补、换装、清扫、装卸易燃、易爆危险化学品时,应使用不产生火花的铜制、合金制或其他工具。

(12)根据危险化学品特性和仓库条件,必须配置相应的消防设备、设施和消防器材。并配备经过培训的专职或兼职消防人员。

(13)处置废弃的危险化学品,应按照《固体废弃物污染环境防治法》和国家有关规定执行。

【案例】 租住房屋不符合规定致安全事故

(1)事故经过

2009年3月11日凌晨1时45分,承建沪宁城际铁路的中国铁道建筑总公司某集团有限公司安徽分公司在江苏省镇江丹阳市吕城镇惠济村为劳务人员租用的一处生活用房发生爆炸并坍塌,造成11人死亡、20人受伤。

(2)事故原因

租用的生活用房地表及墙面残留的危险化学品铝粉粉尘遇水受潮产生化学反应,燃烧并爆炸。

二、爆破器材

(1)爆破作业施工单位应具有爆破施工企业资质证书,并取得爆炸物品的购买、存储、运输和爆破作业许可证,未经许可不得从事爆破作业。

(2)施工现场应建立爆破器材安全管理制度、岗位安全责任制度,制订安全防范措施和事故应急预案。

(3)爆破作业人员必须参加培训,经考核并取得有关部门颁发的相应类别和作业范围、级别的安全作业证,持证上岗。

其他关于爆破器材的介绍参见路堑爆破施工安全中关于爆破的介绍,在此不再详细叙述。

第五节 锅炉及压力容器

一、一般规定

(1)锅炉及压力容器的使用与管理应符合下列规定:

①凡使用国家规定《蒸汽锅炉安全技术监察规程》、《热水锅炉安全技术监察规程》和《有机热载体锅炉安全技术监察规程》适用范围内的锅炉及《压力容器安全技术监察规程》规定范围内的压力容器，在投入使用前或投入使用后 30 d 内，必须办理使用登记，领取《特种设备使用登记证》，并将登记标志置于该特种设备的显著位置。

②锅炉及压力容器安全状况发生变化、长期停用、移装或过户、重大修理改造前，使用单位应向所属地技术监督部门办理告知手续。

③锅炉及压力容器超过安全技术规程规定的使用年限时，使用单位应及时予以报废，并向原登记的特种设备安全监督管理部门办理注销。

(2)操作人员应经考核合格持证上岗，严格执行锅炉及压力容器安全运行的各项制度及安全操作规程，做好运行值班记录和交接班记录。操作人员是指：从事锅炉运行操作、锅炉水处理作业的操作人员；从事压力容器操作的人员。

(3)必须由具备相应资质的单位承担锅炉及压力容器的安装、改造与维修，并由所属地特种设备检验部门检验。

(4)锅炉及压力容器应进行定期检验和运行检验，并应在有效期内运行。投入运行前及受压元件经重大修理或改造后应进行检验。

(5)锅炉及压力容器的水质应符合现行国家《低压锅炉水质》(GB 1576)标准的规定，不应以化学清洗代替正常的水处理工作。

(6)锅炉及压力容器安全阀、压力表、温度表等安全附件的校验和维护应符合国家计量部门的规定。

二、锅　　炉

(1)锅炉运行时，保护装置与联锁装置严禁任意退出停用。保护装置与联锁装置是指：按《蒸汽锅炉安全技术监察规程》、《热水锅炉安全技术监察规程》规定的保护装置与联锁装置。其主要有锅炉的超温报警和联锁装置，超压力报警和联锁装置，点火程序和熄火保护装置，低水位联锁保护装置等。

(2)锅炉使用单位应制订突然停电时的操作方法和流程，并使操作人员掌握。本要点是指运行中的锅炉在突然停电时应采取措施从而保证锅炉能够安全地停止运行或经切换备用电源后继续安全运行。有备用电源的，可以直接切换备用电源。备用发电机做备用电源的，应立即启动发电，切换到发电机电源。无备用电源的，应采取措施切断燃料供给，立即停炉，防止发生锅炉安全事故。

(3)蒸汽锅炉运行中，遇有下列情况之一时应立即停炉：

①锅炉水位低于水位表最低可见边缘。

②不断加大给水及采取其他措施，但水位仍继续下降。

③锅炉水位超过最高可见水位(满水)，经放水仍不能见到水位。

④给水泵全部失效或给水系统故障，不能向锅炉进水。

⑤水位表或安全阀全部失效。

⑥设置在汽空间的压力表全部失效。

⑦锅炉元件损坏且危及运行人员安全。

⑧燃烧设备损坏、炉墙倒坍或锅炉构架被烧红等严重威胁锅炉安全运行。

⑨锅炉运行中发现受压元件泄漏、炉膛严重结焦、受热面金属超温又无法恢复正常。

⑩其他异常情况危及锅炉安全运行。

(4)热水锅炉运行中,遇有下列情况之一时应立即停炉:

①因水循环不良造成锅水汽化,或锅炉出口热水温度上升到与出水压力下相应饱和温度的差小于 20 ℃(铸铁锅炉 40 ℃)。

②锅水温度急剧上升失去控制。

③循环泵或给水泵全部失效。

④压力表或安全阀全部失效。

⑤锅炉元件损坏、危及运行人员安全。

⑥补给水泵不断给锅炉补水,锅炉压力仍然继续下降。

⑦燃烧设备损坏,炉墙倒坍或锅炉构架被烧红等,严重威胁锅炉安全运行。

⑧其他异常运行情况,且超过安全运行允许范围。

(5)检修人员进入锅炉内作业时,应符合下列规定:

①进入锅筒(锅壳)内部作业前,必须有能指出隔断位置、强度足够的金属堵板,将连接其他运行锅炉的蒸汽、给水、排污等管道全部可靠地隔开,且必须将锅筒(锅壳)上的人孔和集箱上的手孔打开,使空气对流一定时间。

②进入烟道或燃烧室作业前,必须进行通风,并将与总烟道或其他运行锅炉烟道相连的烟道闸门关闭严密。

③用油或气体作燃料的锅炉,应可靠地隔断油气的来源。

④在锅筒(锅壳)和潮湿的烟道内作业而使用电灯照明时,照明电压不得超过 24 V;在比较干燥的烟道内,应有安全措施,照明电压不得超过 36 V,严禁明火照明。

⑤在锅筒(锅壳)内进行作业时,锅炉外面应设专人监护。

(6)锅炉房应符合下列规定:

①锅炉房应单独建造,并符合消防和环境保护的有关要求。

②露天布置的锅炉房应采用阻燃材料建造,并应有可靠的防火、防毒、防风、防冻措施。

③锅炉房应建立、健全各项规章制度。

④锅炉房应有锅炉及附属设备的运行记录、交接班记录、水处理设备运行及水质化验记录、设备检修保养记录、上级领导、专业管理人员和安全技术人员对锅炉房的检查记录、事故记录等。

⑤在施工现场进行混凝土蒸汽养护临时使用的锅炉,应搭设防寒棚,便于司炉工操作。防寒棚应用防火材料搭设。

三、压力容器

(1)目前施工单位在施工现场使用的压力容器基本上为简单压力容器。按照现行行业标准《简单压力容器安全技术监察规程》的相关规定,简单压力容器不需要办理使用登记手续,不需要按《压力容器定期检验规则》进行定期检验,使用单位负责简单压力容器使用的安全管理。

(2)压力容器的使用应符合下列规定:

①使用单位应制定操作规程。

②安全阀、爆破片、紧急切断装置、压力表、测温表等附件及检测装置的使用与管理应符合国家现行标准《压力容器安全技术监察规程》的规定。

③压力容器发生下列异常情况之一时,操作人员应立即采取紧急措施。

a. 压力容器压力超过规定值，采取措施后仍未得到有效控制。

b. 压力容器的主要受压元件发生裂缝、鼓包、变形、泄漏等危及安全的情况。

d. 安全附件失效。

d. 其他异常情况。

④压力容器内部有压力时不得进行任何修理。

(3)气瓶的使用应符合下列规定：

①使用前应对钢印标记、颜色标记及安全状况进行检查，不符合规定的不得使用。

②气瓶的防振和安全防护装置应齐全、有效、完好。气瓶装卸、搬迁过程中应轻拿轻放，严禁抛掷、振荡。气瓶应分类存放，并远离火源，严禁露天存放。

③移动作业时，应采用专用小车搬运；乙炔瓶和氧气瓶放在同一小车上搬运时，必须用阻燃的隔板隔开。

【案例】 黔桂铁路技术改造工程新宜州站雨棚，监理氧气瓶和乙炔瓶放在一起搬运，但未用阻燃的隔板隔开，如图 8-4 所示。

图 8-4 氧气瓶和乙炔瓶放在一起搬运但未隔开

④气瓶严禁敲击、碰撞，严禁在瓶体上引弧，严禁将乙炔瓶放置在电绝缘体上使用。

⑤仪表应定期校验，每只氧气瓶、乙炔瓶的减压器上应装一把焊接火钳，胶管应无漏气现象，严禁用明火烘烤解冻。

⑥作业过程中，乙炔瓶必须直立放置，氧气瓶和乙炔瓶间必须保证 5 m 以上距离，气瓶与明火间必须保证 10 m 以上防火距离。火钳点火时不得对人，发生回火时必须先关闭乙炔阀，再关闭氧气阀。

⑦气瓶阀出口处必须配置专用的减压器和回火防止器。减压器指示的放气压力严禁大于 0.15 MPa。气体流量较大时，应采用多只乙炔瓶汇流供气。

⑧乙炔瓶使用过程中，开闭乙炔瓶瓶阀的专用搬手应始终装在阀上。暂时中断使用时，必须关闭焊、割工具的阀门和乙炔瓶阀，严禁手持点燃的焊、割工具调节减压器或开闭乙炔瓶阀。

⑨使用过程中，发现泄漏应及时处理，严禁在泄漏的情况下继续使用。

⑩乙炔瓶内气体必须保证有不低于 0.05 MPa 的剩余压力，严禁用尽。

⑪气瓶的使用单位严禁自行对瓶阀、易熔合金塞等附件进行修理或更换，严禁对气瓶体和底座进行焊接修理。

第六节 混凝土与砌体工程

一、模板、支(拱)架

(1)模板、支(拱)架施工应考虑下列主要危险源、危害因素：

①地基承载力不足和不均匀沉降。

②模板、支(拱)架的强度、刚度和稳定性不足。

③模板安装时支撑不牢固造成倾倒伤害。

④模板、支(拱)架拆除时混凝土强度不足。

⑤模板、支(拱)架安装、拆除时高处坠落。

模板、支(拱)架关键性的安全技术问题是确保其强度、刚度和稳定性,应按上述危险源、危害因素进行安全验算,采取防护加固措施。

【案例】 2009年6月29日上午,在湖北恩施白杨坪乡白杨坪村倒吊子处宜万铁路某局项目中继站施工工地,3名工人被模板垮塌压住,致1死2伤。

(2)模板、支(拱)架施工前应制订安全施工技术措施。工具式模板工程(滑模、爬模、大模板等)及危险性较大的支(拱)架应编制专项施工方案,施工前应向作业人员进行交底。大模板、滑模、爬模等模板及承重支撑体系危险性较大,应根据《建设工程安全生产管理条例》(国务院令第393号)、《危险性较大的分部分项工程安全管理办法》(建质〔2009〕87号)、《铁路建设工程安全生产管理办法》(铁建设〔2006〕179号)的要求编制专项施工方案,其他支撑荷载不大的小型模板、支(拱)架只需制订安全技术措施。

(3)模板、支(拱)架的地基必须符合承载力和沉降要求(参见《建筑地基基础设计规范》(GB 5007)),并应采取防排水和防冻融措施。位于河道中的支架还应有防洪水和漂流物冲击的措施。

【案例】 杭州某桥墩模板倾倒事故

(1)事故经过

2009年11月18日23时50分,杭州市余杭区南苑街道红联村附近,由某局施工的沪杭客运专线海杭特大桥桥墩模板发生倾倒事故,造成1人死亡,5人受伤。

(2)事故原因

由于杭州地区当时突降雨雪,外界环境温度较低,造成混凝土初凝时间延长,模板侧压力过大,导致模板爆裂,使整个模板失稳后向一侧倾倒。

(4)模板、支(拱)架应具有足够的强度、刚度和稳定性,并能承受新浇混凝土的重力、侧压力和施工期间可能产生的各项荷载。

【案例】 黑龙江逊克县夕石水电站大桥塌落

(1)事故经过

1990年8月28日17时30分,黑龙江逊克县夕石水电站大桥的混凝土桥面和模板支撑以及支撑模板的四榀钢桁架同时塌落,造成8人死亡和8人重伤的重大事故。

(2)事故原因

一是模板支撑不牢,二是支撑模板的钢桁架失稳。此溢流坝上部交通桥的施工是靠每边桥墩预埋四根牛腿支撑四榀钢桁架,然后在桁架上用杆支撑模板,进行浇筑桥梁与桥面的混凝土。此桥共五孔,每孔净跨12 m。第一孔已浇筑完,第二孔在浇筑到10 m时塌落。由于支撑立木不直,纵向拉杆又少,横向斜撑只用木条和铁钉连接,整体稳定性不好;在浇筑过程中,动荷载使木支撑倾斜,致使桥面混凝土塌落。另外,钢桁架失稳,四榀桁架之间只用两根木杆、铁丝连接,当上部荷载较大时发生横向弯曲。

(5)模板、支(拱)架的构件强度安全系数严禁小于1.3,稳定性系数严禁小于1.5。

(6)直接攀爬模板、脚手架易发生坠落事故,因此,作业人员登高必须走专用斜道或爬梯,不得利用模板支撑和脚手架上下攀登。

(7)为了及时消除模板、支(拱)架施工关键环节中的不安全隐患,防止模板、支(拱)架倾倒、崩裂、垮塌事故,模板、支(拱)架安装后、使用中、拆除前及遇异常天气时,应对其进行检查和维护，当发现沉落、变形、跑模等情况时，必须立即停止施工，并经整修加固安全后方可复工。

(8)模板安装应符合下列规定：

①不得将手脚伸入模板缝内和模板底端；模板安装支撑稳固前，不得松手或摘钩。

②模板安装时，四周应设斜支撑撑牢或加设缆风绳，背带间距、拉结螺栓（拉杆）设置必须经检算并具有一定安全储备，为了防止模板倾倒、崩塌，防护加固设施必须严格按照设计规定设置，不得随意减少或变更。

③模板的支撑系统应自成体系，严禁与脚手架连接。

(9)支（拱）架搭设应符合下列规定：

①搭设前应清除搭设范围内地上与地下的障碍物、电缆、管线。

②支（拱）架的构件应连接稳固，并应设置足够数量的纵、横、斜向支撑和水平拉杆，确保支（拱）架的整体稳定性。满堂支（拱）架的支撑设置应符合下列规定：支（拱）架四边与中间每隔4排立杆应设置一道竖向剪刀撑，由底到顶连续设置；高于4 m的支（拱）架，其两端与中间每隔4排立杆从顶层开始向下每隔两步设置一道水平剪刀撑。

(10)模板、支（拱）架拆除应符合下列规定：

①拆除时混凝土强度应符合规定的要求。

②模板、支（拱）架的拆除必须设立警戒区，非作业人员严禁进入。

③模板、支（拱）架的拆除顺序应按施工方案执行。方案中未规定者，应执行先支后拆，后支先拆、先拆非承重模板、后拆承重模板，自上而下，分层分段拆除的顺序和原则。

④拆除人员应使用稳固的登高工具，保持自身平衡，防止失稳坠落。严禁使用吊车吊拆未松动的模板。

⑤拆除过程中，对有倾倒危险的模板、支（拱）架应进行临时支撑加固。

【案例】　重庆江津某桥梁工程高处坠落事故

(1)事故经过

重庆江津大桥在主体工程基本完成以后，开始进行南引桥下部板梁支架的拆除工作。1997年10月7日下午3时，该项目部领导安排部分作业人员去进行拆除作业。木工杨某被安排上支架拆除万能杆件，杨某在用割枪割断连接弦杆的钢筋后，就用左手往下推被割断的一根弦杆（弦杆长1.7 m，重80 kg），弦杆在下落的过程中，其上端的焊刺将杨某的左手套挂住，杨某被下坠的弦杆拉扯着从18 m的高处坠落，头部着地，当即死亡。

(2)事故原因

①技术方面

a. 进行高处拆除作业前，没有编制支架拆除方案，也未对作业人员进行安全技术交底，加之人员少，就安排从未进行过拆除作业的木工冒险爬上支架进行拆除工作，是事故发生的重要原因。

b. 作业人员杨某安全意识淡薄，对进行高处拆除作业的自我安全防护漠然置之，不系安全带就爬上支架，擅自用割枪割断连接钢筋后图省事用手往下推扔弦杆，被挂坠地是事故的直接原因。

②管理方面

a. 进行高处拆除作业，必须有人监护，但施工现场却无人进行检查和监护工作，对违章作业无人制止，是事故发生的重要原因。

b. 施工现场安全管理混乱，"三违"现象严重，隐患得不到及时整改。

c. 对作业人员未进行培训和教育，不进行安全技术交底，盲目蛮干，管理失控。

⑥作业时料具、构件应传递，严禁抛掷。

⑦拆下的模板、构件严禁堆放在支架上，应及时向下传递运出，临时堆放的位置、高度、地点不得影响通行和作业安全。

【案例】 温福铁路宁德站模板脚手架失稳事故

(1)事故经过

①宁德站8～13轴交A0～B轴门楼结构为大拱梁结构形式，模板支架材料采用脚手架钢管及扣件。该结构12.2 m标高楼板混凝土于2009年2月23日早7时施工完毕。两天后，于2009年2月24日晚开始浇筑该部位上返梁混凝土，浇筑顺序从南向北开始施工；在2009年2月25日早9时浇筑基本完成时，模板脚手架突然发生失稳，造成该部位楼板坍塌，楼板中部下沉约2 m后趋于稳定。

②事故发生过程中，未造成人员伤亡。

③针对大拱梁结构施工，编制了详细的脚手架施工方案，编制、审核审批签字齐全。

④施工前，现场技术员针对大拱梁结构按照施工方案做了针对性技术交底。明确为满堂脚手架，对脚手架相邻立杆有明确错头搭接要求。交底人及被交底人签字齐全。

⑤12.2 m标高梁板结构混凝土施工前，只针对模板、钢筋组织了验收，未对脚手架组织工序交接检查验收。

⑥脚手架失稳后，对脚手架的检查情况：拱梁范围内A0～B轴轴线距离9 m，8～13轴轴线距离48 m，采用满堂脚手架，立杆间距1 m，步距1.5 m，未设剪刀撑，失稳折断部位集中在从地面以上6 m处，在该部位上，大部分立杆未按技术交底错头搭设。并且脚手架形成东西两半，未形成满堂脚手架，水平杆未每层搭设，部分出现平面外长细比超长。脚手架立杆基础都垫有方木板及木块，下为混凝土垫层及坚硬岩石。

(2)事故原因分析

①事故的直接原因

a. 支架搭设未按施工方案及技术交底对立杆进行错接头搭设，未完全形成满堂脚手架，未每层双向加设水平杆，造成局部立杆平面外长细比超长，导致整体脚手架稳定性降低，引起立杆局部失稳。

b. 顶部未连接的悬臂拱梁钢筋以外脚手架连为支托，当受风压或受到侧向撞击时，通过顶部悬臂拱梁钢筋对下部脚手架产生侧向的推力，间接对脚手架产生水平力，水平作用力集聚到一定时刻，应力突然释放，引起整体脚手架失稳。

②事故的间接原因

a. 施工组织管理混乱，安全管理失去有效控制，支架搭设严重脱离原设计方案要求、致使支架承载力和稳定性不足，空间强度和刚度不足等是造成这起事故的主要原因。

b. 搭设过程中，技术员未对照施工方案及技术交底在过程中严格控制搭设标准及质量。搭设完成后，安质部未组织质检员及安全员按规定对脚手架进行专项验收，未按规定组织工序交接验收。是造成这起事故的技术上的重要原因。

c. 项目领导安全生产意识淡薄，个别领导不深入基层，对各项规章制度执行情况监督管理不力，对重点部位的施工技术管理不严。

d. 施工现场支架钢管和扣件在采购、租赁过程中质量管理把关不严，部分钢管和扣件不符合质量标准。

二、钢　筋

(1)钢筋施工应考虑下列主要危险源、危害因素：

①钢筋加工机械引起机械伤害和触电。

②钢筋冷拉作业时钢筋末端甩动和弹起伤人。

③焊接作业时引燃可燃物。

④闪光焊时强光伤眼。

⑤高处作业时攀爬钢筋骨架。

(2)电焊工作业专业性强、危险性大，因此必须经过专业安全培训、考试合格、持证上岗，作业时按规定佩戴护目镜、面罩、绝缘手套、绝缘鞋、鞋盖等防护用品。

(3)钢筋加工应符合下列规定：

①钢筋冷拉调直机或绞磨必须采用地锚固定，卷扬机应设防钢丝绳跳槽装置，卷筒上至少保留 3 圈以上保险绳，卷扬机和绞磨必须有良好的制动装置。调直场地两侧应设置防护遮拦，卷扬机前后应设防止钢筋回弹的防护挡板。调直至末端时，应采取防止钢筋甩动和弹起伤人的措施。

②钢筋切料机断料时，机械未达到正常转速时不得切料。严禁将双手分在刀片两侧俯身送料。断短料时，手和切刀之间距离应保持 15 cm 以上，当手握端小于 40 cm 时，应采用套管或夹具将钢筋短头压住或夹牢。被切断钢筋直径不得超过切断机规定的容许值。切断机刀片应无破损，安装应牢固无松动。

③钢筋弯曲机使用前应检查工作台、柱、盘，安装稳固方可启动。弯曲钢筋旋转半径范围内和机身无固定销的一侧严禁站人。被弯钢筋直径不得超过弯曲机规定的允许值。人工弯曲钢筋时，应检查扳口方正，操作时扳子应放平、压牢，防止滑脱。

(4)钢筋焊接应符合下列规定：

①钢筋焊接场地应干燥无可燃物，施焊时的防火距离应符合有关规定。焊机应有可靠的漏电保护和接零保护。焊钳连接导线应绝缘良好无破损。

②雨天不得进行室外焊接作业。

③闪光焊时，焊机上应安装遮光围屏，焊接长钢筋时应设钢筋托架，闪光范围内不得有人员停留。

④室内进行电弧焊时，必须设置有效的通风除尘设施，操作者应佩戴防尘口罩。

⑤钢筋焊接安全重点应做好防触电、防锰尘、防射线和防火工作。焊接过程中应严格执行防火安全距离，即：两气瓶间距离不小于 5 m，气瓶与明火间距离不小于 10 m。

(5)钢筋运输应符合下列规定：

①人力抬运钢筋时应动作一致，起落、上下坡道、拐弯时应互相呼应。跨越铁路线路和道口时，必须设防护员防护，统一指挥。竖向运输钢筋时，应搭设运料斜道。

②吊运钢筋骨架时，不得碰撞脚手架、模板及支(拱)架，骨架下方严禁站人，骨架到达作业面上方 1 m 时，方可扶正就位并在支撑牢固后摘钩。

③严禁刮碰脚手架、模板、支(拱)架。不得在钢筋骨架上直接敷设电线、电缆。

(6)钢筋绑扎应符合下列规定：

①绑扎钢筋骨架前，应检查模板、支(拱)架、脚手架确认稳固后方可进行绑扎施工。

②绑扎深基础钢筋时，应设置上下通道，搬运传递钢筋时不得抛掷。

③在2 m以上的高处绑扎钢筋时，不得在模板上集中堆料，严禁直接攀爬钢筋骨架上下。钢筋骨架应支撑牢固，保证稳定。

④为了防止钢筋绑扎过程中钢筋骨架倾倒伤人，要求高度2 m及以上的钢筋骨架绑扎前应对钢筋骨架进行支撑拉结，作业脚手架不得与钢筋骨架搭接。

三、混 凝 土

(1)混凝土施工应考虑下列主要危险源、危害因素：

①混凝土搅拌运输机械操作不当引起伤害。

②振捣机械用电不当引起触电。

③混凝土施工高处作业引发坠落。

④混凝土洒水养护误将水喷到电线或电气设备上引发触电。

(2)混凝土搅拌、运输机械的使用应符合相关规定。

(3)混凝土浇筑与养护作业应符合下列规定：

①振捣器或振动器应安装漏电保护器；电源线规格应符合设备要求，确保绝缘无破损，接头连接牢固；保护零线应符合要求。

②检修或作业停止时，必须切断电源，严禁用电缆线、软管拖拉或吊挂振捣器或振动器，以防扯断或损坏电缆线造成触电事故。

③作业人员应佩戴相应的防护用品。

④混凝土振动台应安装在牢固的基础上，地角螺栓应连接牢固。装置振动器的构件模板应坚固牢靠。

⑤振捣器不得在初凝混凝土、脚手架和干硬的地面上试振。

⑥混凝土浇筑过程中应对模板、支(拱)架、钢筋骨架的失稳、变形进行检查，发现异常情况时，必须立即停止作业，并整修加固合格。

⑦洒水养护时，作业人员应避让混凝土构筑物顶面的障碍物和孔洞，拉移水管时不得倒退行走，严禁向输电线路及电器设施上喷水。

四、预 应 力

(1)预应力施工应考虑下列主要危险源、危害因素：

①预应力张拉高处、悬空作业时发生坠落；

②施加预应力时混凝土强度不足；

③预应力筋、锚具、夹具和连接器性能损伤引发夹片或预应力筋飞出伤人；

④油泵管道爆裂引起喷溅伤人。

(2)预应力张拉悬空作业时，应搭设张拉设备和操作人员作业的脚手架或操作平台，并应保证防护严密。雨天张拉时，应搭设防雨棚。

(3)为了防止施加预应力时混凝土发生断裂或达不到预应力效果并减少徐变，混凝土应达到规定的强度和弹性模量值后，方可施加预应力。

(4)预应力筋、锚具、夹具和连接器应具有可靠的锚固性能、足够的承载能力，需敲击才能松开的夹具，必须保证不影响预应力筋的锚固、不危及操作人员的安全。

(5)张拉区应设明显的警示标志，严禁非操作人员进入。

(6)张拉区两端必须设置防护挡板，且应高出最上一组张拉钢筋0.5 m，挡板应宽出张拉端两侧各不小于 1 m。

(7)张拉人员必须在张拉端侧面作业。张拉时，千斤顶后面严禁站人，不得踩踏高压油管。油泵工作时，严禁操作人员离岗。

(8)张拉千斤顶张拉吨位不得小于设计张拉力的 1.2 倍。

(9)施加预应力时，预应力筋、锚具和千斤顶应位于同一轴线上，以防施加预应力时造成卡阻或偏斜现象。

(10)预应力张拉控制应力和张拉程序应符合设计要求。预应力张拉控制应力均不得超过设计规定的最大张拉控制应力。

(11)锚具、夹具受到撞击后易发生松脱，为了防止锚具松脱伤人，张拉过程中发现油泵、千斤顶、锚夹具等有异常时，应立即停止作业，并查明原因进行检修，需要时在复工前应对油泵和千斤顶重新标定。张拉后，严禁撞击锚具、钢束。

(12)注浆时应调整好安全阀；关闭阀门时，作业人员应站在侧面，并应穿防护服、戴护目镜。

五、砌　　体

(1)砌体施工应考虑下列主要危险源、危害因素：

①碎石作业时石块飞溅伤人；

②高处坠落；

③落石打击；

④基坑坍塌。

(2)砌体工程基础开挖、砌筑作业，必须按标准规定佩戴安全帽。碎石作业必须按标准规定佩戴安全帽、护目镜。

(3)砌体挡护工程基础开挖作业应根据土质及地下水情况制定相应的安全技术措施。应采取的安全技术措施包括：放坡开挖、支护加固开挖和降水开挖等。

(4)铁路营业线砌体挡护工程基础开挖作业，应按营业线施工有关规定执行。当基础开挖影响路基稳定时，必须采取加固防护措施。

(5)在离地面 2 m 及以上的高处或高边坡坡面上从事砌筑、撬石、运料等作业时，必须搭设脚手架作业平台并设防护网防护，作业人员应系安全带。

(6)挡护工程砌筑时，应先做好排水，经常检查基坑边坡稳定情况。高出地面时，人员严禁靠近墙脚或坡脚。砌筑锥体或坡面时，严禁采用自上而下自由滚落的方式运送石料。

(7)人力抬运石料应捆绑牢固，平稳放落。

(8)砌体砌筑时，不得将手、脚伸入石缝中或石块底部。

(9)砌体坡面砌筑时，应预先清除上方不稳固石块等物料。

第七节　起重吊装作业

一、一般规定

(1)施工单位应根据工程特点和作业环境，对危险性较大、环境复杂的吊装作业编制安全专项施工方案。对危险性较大的起重吊装作业应编制专项施工方案，进行安全检算，经技术负责人签字，总监理工程师审核后实施，并由施工单位专职安全生产管理人员进行现场监督。

(2)参加起重吊装的作业人员必须经过专业培训,特种作业(如起重机械操作作业,起重机械指挥作业,起重机械司索作业等)人员必须经国家指定部门进行培训考核合格,持证上岗。

(3)起重机械使用前必须经检查确认符合要求及进行试吊后,方可使用。

二、索具设备

(1)钢丝绳及钢丝绳夹的使用应符合下列规定:

①钢丝绳应无死弯、不起油,在任何一个断面内的断丝数量不得超过此断面总根数的5%,当接头采用插接时,插接长度不得小于钢丝绳直径的20倍,总长度不得短于300 mm。

【案例】 哈大客运专线某特大桥现浇梁,施工钢丝绳插接长度不足,达不到上条之规定,如图8-5所示。

图8-5 钢丝绳插接长度不足

②接头采用钢丝绳夹,连接时应有足够的绳夹数量,并紧固牢靠。

③钢丝绳表面磨损或锈蚀的折减系数应按表8-6的规定确定。

表8-6 钢丝绳表面磨损或锈蚀的折减系数

钢丝绳表面磨损或锈蚀量/%	10	15	20	25	30～40	>40
折减系数/%	85	75	70	60	50	报废

注:钢丝绳表面磨损或锈蚀量以每根钢丝绳的直径计算。

④钢丝绳断丝的更换标准应按表8-7的规定确定。

表8-7 钢丝绳断丝的更换标准

钢丝绳的股数及丝数	6×19=114 加麻芯一根		6×37=222 加麻芯一根		6×61=366 加麻芯一根		18×19=342 加麻芯一根	
钢丝绳结构形式	交叉绞丝	顺向绞丝	交叉绞丝	顺向绞丝	交叉绞丝	顺向绞丝	交叉绞丝	顺向绞丝
每扭节距中不准超过的断丝数	12	6	22	11	36	18	36	18

⑤起重吊装钢丝绳的安全系数应按表8-8的规定确定。

表 8-8 起重吊装钢丝绳的安全系数

用　途	安全系数	用　途	安全系数
缆风绳	3	吊索(无弯曲时)	6～7
手动起重设备	4.5	捆绑吊索	8
机动起重设备	5	载人升降机	14

⑥机械用钢丝绳应符合现行国家标准《钢丝绳》(GB/T 8919)的规定。

⑦起重机用钢丝绳的检验和报废应符合现行国家标准《起重机用钢丝绳检验和报废实用规范》(GB 5972)的规定。

⑧架空索道用钢丝绳的检验和报废应符合现行国家标准《架空索道用钢丝绳检验和报废规范》(GB 9075)的规定。

⑨钢丝绳的绳端采用钢丝绳夹固定时,应符合现行国家标准《钢丝绳夹》(GB 5976)的规定。

⑩在使用中因用途的不同还应符合机械用钢丝绳,起重机用钢丝绳,架空索道用钢丝绳等相关用途钢丝绳国家现行标准的规定。

(2)吊钩的使用应符合下列规定:

①吊钩的表面不应有裂纹。

②钩号为 006～5 的吊钩应检查开口度,其余钩号的吊钩应检查测量长度,其值严禁超过使用前实际尺寸的 10%。

③吊钩磨损后的危险截面实际高度严禁小于基本尺寸的 95%。

④吊钩吊柄腐蚀后的直径严禁小于基本尺寸的 95%。

⑤吊钩的螺纹不得腐蚀。

⑥吊钩的缺陷严禁焊补。

⑦吊钩应进行经常性检查和定期检查。经常性检查可由操作人员执行,其周期应按表 8-9 的规定确定。定期检查周期应按表 8-10 的规定确定。

表 8-9 经常性检查周期

机构工作级别	≤M5	M6～M7	M8
检查周期/d	30	7～30	1～7

表 8-10 定期检查周期

机构工作级别	≤M6	M7～M8
检查周期	一年	每季

注:表中 M5～M8 是按现行国家标准《起重机设计规范》(GB 3811)规定的机构工作级别。

三、吊装作业

(1)吊装作业前,应对起重机械的制动器、吊钩、钢丝绳和安全装置进行检查,发现性能不正常时,应在操作前排除。

(2)吊装作业中,当重物吊起、转向、走行、接近人员、重物下落时,必须鸣铃示警。吊装物上严禁站人。

(3)遇六级及以上强风时必须停止露天吊装作业。

(4)钢筋、型钢、管材等细长和多根物件吊装时,必须捆扎牢固,多点起吊。施工现场此类吊装作业较多,为了保证作业安全,必须按本要求进行吊装作业。

(5)严禁在超过起重机械容许荷载、荷载不明和斜拉重物的情况下起吊。

(6)起重作业指挥应由安全技术培训合格的专职人员担任,无指挥或信号不清时严禁起吊。

(7)电动起重机械作业突然断电时,应将所有的控制器手柄扳回零位;在重新工作前,应检查起重机械动作是否正常。

(8)对电动起重机械进行维护保养时,应切断主电源、加锁并挂上标志牌。

(9)在轨道上工作的起重机械,当作业结束时,应将起重机械与轨道锁定。

(10)起重机械在作业中停机时,必须先将重物落地,不应将重物悬在空中停机。

(11)当吊钩处于工作位置最低点时,钢丝绳在卷筒上的缠绕,除固定绳尾的圈数外,必须不少于 2 圈。

(12)利用非标起重设备进行起重吊装作业时,施工单位应制定安装、拆除、吊装作业的安全技术操作规程及安全管理制度,并对作业人员进行安全技术培训后方可上岗作业。"非标起重设备"是指利用导梁及卷扬机牵引轨道小车、利用拐脚门架提升及落梁的起重设备、浮托纵移法架设钢梁及浮运法架设钢梁的浮托支撑等体系、无支架拱桥吊装作业的滑索、桥梁转体施工竖转设施(索塔结构及分配梁、反力梁及转向架、后锚梁和地锚索及地锚、压塔索及背索、扣索及锚索)、公铁两用架桥机、提梁机等大型起重吊装设备。

非标设备的验收时,供货商应提供以下文件:设计文件、产品质量合格证明、重要部位的材料出厂合格证、使用维护说明书、安全使用手册、安装技术文件、相关性能检测报告、试拼装记录、重要焊缝的焊接试验记录和检测报告、第三方检测报告、型式试验报告等。

(13)起重机械严禁越过无防护措施的外电架空线路作业。在外电架空线路附近吊装时,应符合相关规定。

(14)在电气化铁路上使用架桥机、起重机等设备作业,当距接触网带电部分小于 2 m 进行作业时,接触网必须停电。

第八节 拆除工程

一、一般规定

(1)建设单位应向施工单位提供拆除工程的有关图纸和资料以及涉及区域的地上、地下建筑设施分布资料。

(2)施工单位应全面掌握拆除工程的图纸和资料,进行现场勘察,必须编制安全专项施工方案、制定事故应急预案。

(3)拆除工程施工准备应符合下列规定:

①建设单位应负责做好影响拆除工程安全施工的各种管线的切断、迁移工作;

②施工单位在拆除施工前,应检查各类管线情况,确认全部切断后方可施工;

③拆除施工现场周围、进出口应设置围挡、警示标志,非作业人员不得进入拆除施工现场,并采取相应的防止扬尘措施。

④建设单位应按属地有关部门的规定确定固体废弃物处置地点。施工单位应将拆除的固体废弃物运至指定地点。

(4)拆除工程施工中当发现不明物体时应立即停止施工，采取相应措施保护现场，并及时向建设单位及有关部门报告。

(5)严禁立体交叉作业。

【案例】 株洲某桥梁拆除时坍塌，导致9人死亡(图8-6)。

图8-6　桥梁拆除时坍塌

二、人工拆除

(1)人工拆除作业应从上至下，逐层拆除，分段进行。

(2)拆除施工时作业人员应站在稳定的结构或脚手架上操作，已拆除的构件应放置在安全场所，严禁从高处随意抛掷。

(3)拆除施工时上部已拆除构件及其他物品应适时组织定位卸放，上下应设专人监护，并应统一指挥，互相联系。

(4)用大锤、钢钎凿除混凝土作业时，作业人员应互相保持安全距离，不得聚集和上下同时作业。

三、机械拆除

(1)人力配合机械拆除建筑物时，应从上至下，逐层分段进行。

(2)高处拆除作业时，配合的作业人员及机械设备严禁接近建筑物的边缘进行作业。

(3)拆除施工应按照安全专项施工方案进行，严禁扩大机械设备的使用范围。

四、爆破拆除

(1)爆破拆除施工应根据周围环境、作业条件、拆除对象、建(构)筑物类别、爆破规模，按照现行国家标准《爆破安全规程》(GB 6722)确定的等级，采取相应的安全技术措施。

(2)爆破拆除施工前应作出安全评估及编制安全专项施工方案，并经有关部门审核批准后，方可实施。

(3)从事爆破拆除工程的施工单位应具有爆破施工企业资质证书，并取得工程所在地法定部门核发的《爆炸物品使用许可证》，承担相应等级的爆破拆除工程。爆破拆除设计人员应具有承担爆破拆除作业范围和相应级别的爆破工程技术人员作业证。从事爆破拆除施工的的作业人员应持证上岗。

(4)爆破器材的购买、运输、储存、使用应符合有关规定。

(5)爆破拆除作业时的警戒、信号、爆后检查、处理等相关要求,应符合现行国家标准《爆破安全规程》(GB 6722)的规定。

(6)在营业线附近进行爆破作业时,应先申请办理爆破作业单位许可证。对危及行车安全的爆破作业,应申请封锁施工方案。在方案未审批前,严禁进行爆破拆除作业。

(7)爆破危险区内有两个及以上单位进行爆破拆除作业时,应由建设单位统一指挥。各施工单位应建立起爆掩体,并采用远距离起爆。

(8)同一区段的二次爆破,应采用一次点火或远距离起爆。

五、静力破碎

(1)采用具有腐蚀性的静力破碎剂作业时,灌浆人员必须佩戴防护手套和防护眼镜。孔内注入破碎剂后,作业人员应保持安全距离,严禁在注孔区域行走。

(2)静力破碎剂严禁与其他材料混放。

(3)在相邻的两孔,严禁钻孔与孔内注入破碎剂同步施工。

(4)静力破碎当发生异常情况时,必须停止作业,查清原因并采取相应措施确保安全后,方可继续施工。

【案例】 高架桥拆除过程中发生坍塌

(1)事故经过

2009 年 5 月 17 日,湖南省株洲市红旗路高架桥在拆除过程中发生坍塌事故,造成 9 人死亡、16 人受伤,24 辆车被埋。

(2)事故原因

早在 2009 年 5 月 12 日,株洲荷塘区安监局就发现被拆除的大桥存在问题(20 号桥墩发生倾斜)。发现安全隐患后,株洲荷塘区安监局给南岭民爆红旗高架桥项目部下发了停工整改通知书。但这份下发到施工方的整改通知书,并没有引起施工方的重视,也没能起到任何作用,整改迟迟没能落实。2009 年 5 月 15 日,施工方对高架桥进行试爆,17 日下午 4 时 24 分,部分桥体发生垮塌,导致 9 人遇难。

第九节 临时工程与过渡工程

一、一般规定

(1)工程开工前应对地形、地物、地貌、工程地质、水文地质、气象、水电供应、交通运输、施工环境及地下隐蔽物等做好调查,对施工现场和临时、过渡工程进行合理规划和布置。

(2)地处洪水、雷电、强风、滑坡、泥石流等自然地质灾害影响区域内的临时工程的选址应进行勘察和安全评估。

(3)生产、生活污水应按规定排放,不符合排放标准的应进行处理。生活垃圾应弃置在垃圾池或垃圾箱内,并定期清运、填埋。

(4)位于城市居住区及居民集中区的临时工程和过渡工程场地、道路等应采取抑尘措施。

二、施工现场布置

(1)生产区、辅助生产区、办公生活区应合理划分区域,并采取隔离措施。

(2)施工现场应在醒目位置设置工程概况牌、管理人员名单及监督电话牌、消防保卫牌、安全生产牌、文明施工牌和施工现场平面布置图等“五牌一图”，并按有关规定设置安全警示标志。

【案例】 广深港客运专线某车站工地上泥浆横流满溢，既不文明也不安全。如图 8-7 所示。

图 8-7 广深港客运专线某车站工地上泥浆横流满溢

(3)施工现场布置应满足消防要求。易燃和可燃材料存放场所应依据消防要求配备消防器材。消防器材应有专人管理，定期检验。

(4)临时油库设置应符合国家有关消防规定。库区应封闭管理，配足消防设备并设专人看守。严禁在库区存放其他易燃易爆品。

(5)爆破器材库必须符合防爆、防雷、防潮、防火、防鼠和防盗等要求，并应有良好的通风和防爆照明设备。库房距厂矿、村镇、人口稠密处、交通要道及其他建筑物的安全距离，必须符合现行国家标准《爆破安全规程》(GB 6722)的有关规定。

(6)对环境有污染的材料和机具设备应设置在远离人员居住的空旷地点，并采取相应的防污染措施。

三、临时建筑

(1)临时建筑设置应符合下列规定：

①避开可能发生洪水、泥石流、滑坡、坍方、落石的地段。

【案例】 2009 年 8 月 6 日 23 时 30 分左右，四川省汉源县顺河乡境内省道 S306 线猴子岩处发生山体垮塌阻断大渡河，江西路桥省道 S306 线 D 标段办公楼原本 6 层的楼房露出水面的只剩 1 层(图 8-8)，造成 2 名员工失踪，4 人受伤。

②在取、弃土场影响范围外。

③与高压线路、通信线路和高大树木保持一定的安全距离。

④距离露天爆破区 1 700 m 以外。

⑤临时建筑之间的距离符合相关规定。

(2)变配电所、空气压缩机房、发电机房、锅炉房、油库、爆破器材库等危险性较大场所，应封闭管理并设置安全警示标志，非工作人员未经批准不得入内。

图 8-8　办公楼选址不当

（3）临时建筑应满足结构安全、消防、环保、卫生等有关要求。

（4）临时建筑使用前，应按规定进行检查验收，验收不合格者严禁投入使用。

四、临时道路和铁路便线

（1）临时道路、铁路便线应根据使用功能、环境条件设计，并按规定进行审批。利用既有道路时应根据运输荷载等条件进行检算。

（2）临时道路、铁路便线应按设计进行施工，满足变形和稳定性要求。

【案例】　六沾铁路某混凝土拌和站，场地未硬化，运输道路泥泞，如图 8-9 所示。

图 8-9　运输道路泥泞

（3）临时道路、铁路便线应按规定设置安全警示标志，并由专人养护维修，保持畅通。

（4）临时道路与既有铁路必须平面交叉时，应按规定办理审批手续、设置铁路道口、进行防护。有高度限制要求时，应设置限高架。

（5）临时道路靠近既有铁路时，应在靠近铁路一侧设置防护设施，并在道路设置出入口栏门。出入口栏门应有专人看守，车辆及大型施工机械进入应实行监护、许可制度，未经许可严禁进入；不施工时应封闭。

（6）临时道路靠近高路堑、深基坑时应设置防护设施及安全警示标志。

(7)行人、车辆频繁通过的临时道路交叉路口应悬挂安全警示标志。

(8)铁路便线应符合下列规定。

①便线线间距不得小于 4.0 m。钢轨外侧 1.5 m 内不得堆放超过轨面的物件。当有货物站台时，应符合铁道部有关规定。

②临时道口应设警告牌(灯)和防护桩；车辆、人员通行繁忙的道口，应派专人看守，并设栏杆。

③严禁超速行车。

④运输大型物件时，必须派人随车监护，发现问题及时检查处理。

⑤由营业线引出的便线应设置安全线。

⑥汛期应加强巡道。

五、临时栈桥和临时码头

(1)临时栈桥、码头应根据运输荷载和水文条件进行设计。栈桥的梁底高程不应小于设计的施工水位，并应有抗洪水、流冰及其他漂浮物的能力。码头位置应选在水域开阔、地质较好、水流平稳、水深无淤积的地段。

(2)临时栈桥、码头应按设计施工，并配备和设置相应的安全防护设施。

(3)临时栈桥、码头应按规定设置安全警示标志，并进行养护维修。

(4)通过临时栈桥的电线、电缆应绝缘良好，并固定牢靠。

六、过渡工程

(1)过渡工程必须按照批准的施工组织设计、施工方案和施工计划进行施工，保证行车安全，减少对铁路运输的影响。

(2)建设单位应将过渡工程按正式工程组织建设，并组织行车组织、设备管理、设计、监理等部门和单位，对施工单位编制的施工过渡方案进行审查，批准后组织实施。

(3)勘察设计单位对过渡工程应按照正式工程进行勘察设计，提出指导性施工过渡方案和保证安全运营的具体措施，减少线路换边拨接次数，合理选择便线的曲线半径以及其他技术标准。

(4)设计审查部门对过渡工程应按照正式工程进行审查。

(5)监理单位对过渡工程应按正式工程实施监理，督促施工单位严格按照批准的施工过渡方案进行施工，并参与过渡工程竣工验收。

(6)施工单位对过渡工程应按正式工程组织施工。对既有设备布置进行现场核对，根据设计文件和审查后的指导性施工过渡方案编制施工过渡方案，并严格按照设计文件和批准的施工过渡方案进行施工。

(7)行车组织部门和设备管理单位应参加指导性施工过渡方案和施工过渡方案的审查工作，做好现场配合，全过程对换边拨接地段施工进行指导监督。

(8)工程质量安全监督机构要加强对过渡工程的监督，检查施工过渡方案，对实施过程和竣工验收工作实施监督。

(9)营业线站场改造工程中，所接入或移动的道岔必须按信号过渡工程设计、施工，并将道岔表示纳入车站联锁后，方可开放相应的进出站信号，减少对铁路运输的影响，确保行车安全。

(10)站场停电施工中，转辙机及道岔安装装置未安装前，由工务(或线路施工单位)负责拨道、钉固，车务负责钩锁，安装后由车务负责摇动道岔。

(11)增设临时引导电话时应由施工单位安装，保证行车安全。

(12)过渡工程的竣工验收应按照正式工程组织。过渡工程应提前进行验收(拢口拨接地段除外)，对不能预先组织机车轧道的过渡工程，应由施工领导小组成员单位联合检查，确认达到《工程施工质量验收标准》要求，验收合格后方可开通。

(13)未经验收或验收不合格的，不得交付运营单位。

(14)过渡工程的开通速度和运行速度由施工单位依据设计和施工资料提出申请，经运营单位审查后确定。

(15)验收合格的过渡工程，由运营单位(维管单位)维护，开通后 24 h 内，施工单位协助运营单位进行维护。

(16)施工单位对过渡工程的施工质量负责，运营单位对过渡工程的设备维护质量负责。

第九章 特殊施工作业安全

第一节 高处作业

高处作业是指凡在坠落高度基准面 2 m 及以上有可能坠落的高处进行的作业。主要包括登高架设、高处安装、维修、拆除等作业。

一、一般规定

(1)高处作业必须编制安全技术措施，工艺复杂、危险性较大的工程应编制安全专项施工方案。

(2)高处作业人员必须定期进行体检。通过定期体检，发现不适合高处作业的人员，不应安排进行高处作业，以保证高处作业人员的安全。

(3)高处作业人员必须经过专业技术培训，特殊工种人员必须持证上岗。施工前，应逐级进行安全技术教育及交底，落实所有安全技术措施。

(4)高处作业所需的安全防护用品及防护设施、标志、工具、仪表、电器设施，必须在施工前进行检查或试验合格，方可投入使用；作业人员必须正确佩戴和使用防护用品。

(5)高处作业必须系安全带，安全带应挂在牢固的物件上，高挂低用。严禁在一个物件上拴挂多根安全带或一根安全带上拴多个人。

(6)作业人员必须从专用的通道或爬梯上下，严禁攀登脚手架。攀登的用具、结构构造必须牢固可靠。

【案例】 渝利铁路某大桥，墩身脚手架没有设置步梯或爬梯，施工人员攀爬脚手架和墩身模板上下高墩，存在安全隐患。如图 9-1 所示。

(7)高处作业所用的物料、机具、工具等，必须堆平放稳，不得妨碍通行和装卸。对有可能坠落的物件必须先行撤除或加以固定。尤其是跨越铁路、公路施工的桥梁工程架梁时，梁面上的物料必须堆放牢固，防止掉落。

图 9-1 未设步梯或爬梯

(8)对进行高处作业的高耸建筑物、构筑物等，如烟囱、桥墩、塔柱、施工支架、索塔和两山间的钢管拱支撑，应按规定设置避雷设施；遇有 6 级及以上强风、暴雨、浓雾等恶劣天气，严禁进行室外攀登与悬空作业。暴风雪及台风暴雨前后，应对高处作业安全设施逐一检查，发现异常立即采取加固措施。

(9)雨雪天气进行高处作业时，必须采取可靠的防滑、防寒、防冻措施，及时清除水、雪、冰、霜。

(10)临时拆除或变动安全防护设施时,必须经施工负责人批准,并采取相应可靠的安全措施,防护设施设置后不允许随便拆除,确实因施工需要暂时拆除以进行其他作业时,应待其他作业完成后再恢复原样的,拆除前必须经施工负责人同意,并由施工负责人安排专人负责组织恢复。作业后应立即组织恢复。

(11)防护设施搭设与拆除时,应设警戒区,并派专人监护。拆除时应自上而下,严禁上下同时拆除。

(12)立体交叉作业时,不得在同一竖直方向上下同时操作。下层作业的位置,必须处于依上层高度确定的可能坠落半径范围之外。不符合以上条件必须作业时,应设置安全防护层。

(13)上方施工可能坠落的物件及处于起重臂回转范围内的通道,在其受影响的范围内,必须搭设顶部能防止穿透的防护廊。

(14)跨越公路、铁路行车线、居民区、架空电线路施工前,必须采取可靠防护措施,包括防落物安全网、防砸板、防电板、防护网等。

【案例】 新广州站钢结构吊装过程中未设置水平防坠网,存在极大的安全隐患。如图 9-2 所示。

图 9-2 钢结构吊装过程中未设置水平防坠网

二、临边作业

(1)临边作业的防护措施应符合下列规定:

①基坑周边、墩台顶、桥面周边等,必须设置防护栏杆,且应保证防护到位。

【案例】 渝利铁路某特大桥,墩身已施工高度超过 50 m,高空作业平台临边防护不到位,靠近墩身侧面没有实现封闭,缝隙约 40 cm。如图 9-3 所示。

图 9-3 临边作业防护不到位

【案例】 京石客运专线某特大桥跨 86# 墩,墩顶施工通道无护栏,施工人员高空作业未挂安全带。如图 9-4 所示。

②施工电梯、脚手爬梯与建筑物通道的两侧边,必须设置防护栏杆。

③各种垂直运输接料平台口、作业平台应设置安全门或活动防护栏杆。

④施工现场通道附近的各类洞口与坑槽等处以及公路、乡道、村路边施工的基坑等，除设置防护设施外，夜间应设置警示灯。

(2)临边防护栏杆杆件的规格及连接，应保证稳固可靠。

(3)临边防护栏杆的搭设应符合下列规定：

①防护栏杆应由上、下两道横杆及立柱组成，上杆离下平面高度为 1.0～1.2 m，下杆离下平面高度为 0.5～0.6 m。坡度较大的作业面，防护栏杆高度应为 1.5 m，并加挂安全立网或在栏杆下边设置严密固定的高度不小于 18 cm 的挡脚板。除经设计计算外，横杆长度大于 2 m 时，必须加设栏杆立柱。

图 9-4　墩顶施工通道无护栏

②防护栏杆立柱应固定牢靠。

三、悬空作业

(1)悬空作业所用的索具、脚手板、吊篮、吊笼、平台等设施，必须进行安全技术检算，并验收合格。

(2)悬空吊装构件时，作业人员必须站在操作平台上操作，严禁在构件上站人。

(3)悬空作业人员必须正确佩戴和使用个人劳动防护用品。

四、操作平台

(1)移动式操作平台应符合下列规定：

①操作平台应具有足够的强度、刚度和稳定性，并应标明容许荷载值，使用过程中严禁超过容许荷载。

②操作平台四周必须按相关规程要求设置防护栏杆，并应设置登高扶梯。

③作业人员在平台顶面上操作时，不得跨到防护栏杆外侧。

④移动操作平台时，必须待作业人员离开平台后进行。

(2)悬挑及悬挂式钢平台应符合下列规定：

①钢平台的支撑点与拉结点必须设置在建筑物上。

②钢平台安装时，钢丝绳应采用专用的挂钩挂牢。钢平台外口应略高于内口。

③钢平台使用时，应设专人进行日常检查，发现问题及时处理。

【案例】 京石客运专线石太直通线某特大桥，下作业平台仅用钢筋焊接在下横梁上，存在安全隐患。如图 9-5 所示。

图 9-5　作业平台不牢固

五、脚 手 架

(1)脚手架施工前应根据构筑物的特点和施工工艺进行设计，编制安全技术措施。危险性较大的脚手架工程应编制专项施工方案。施工前应向作业人员进行交底。

按照铁道部《铁路建设工程安全生产管理办法》(铁建设〔2006〕179 号)规定危险性较大的脚手架工程，应编制专项施工方案，进行安全检算，经技术负责人签字，总监理工程师审核后实施，并由施工单位专职安全生产管理人员进行现场监督。

(2)脚手架的地基必须满足承载力和沉降要求，并应采取防排水和防冻融措施。位于河道中的脚手架还应有防洪水和漂流物冲击的措施。为了保证脚手架搭设后使用中的安全，对于地基承载力不能满足脚手架安全使用要求的，必须对地基进行处理。

(3)脚手架应具有足够的强度、刚度和稳定性，能承受施工期间可能产生的各项荷载。脚手架搭设前要进行强度、刚度、稳定性检算，防止荷载过大造成脚手架倾倒事故。

(4)脚手架的材料及配件应符合下列规定：

①对脚手架杆件的要求：

a. 木脚手架立杆、纵向水平杆、斜撑、剪刀撑、连墙件应选用剥皮杉、落叶松木杆，横向水平杆应选用杉木、落叶松、柞木、水曲柳。不得使用折裂、扭裂、虫蛀、纵向严重裂缝以及腐朽的木杆。立杆有效部分的小头直径不得小于 70 mm，纵向水平杆有效部分的小头直径不得小于 80 mm；

b. 钢管材质应符合 Q235-A 级标准，不得使用有明显变形、裂纹、严重锈蚀的材料；

c. 同一脚手架中，不同材质、规格的材料不得混用。

②对脚手架绑扎材料及配件的要求：

a. 镀锌钢丝或回火钢丝严禁有锈蚀和损伤，且严禁重复使用；

【案例】 2005 年 10 月 30 日，施工中的江安长江大桥 6 号桥墩顶部钢筋垮塌，导致 9 人受伤，2 人死亡。

原因分析：长期停工致使钢筋锈蚀，加上长江上风力过大所致。

b. 扣件应与钢管管径相配合，并符合国家现行标准的规定。

③对脚手架上脚手板的要求：

a. 木脚手板材质不得低于国家Ⅱ等材标准的杉木和松木，厚度不得小于 50 mm，两端应用镀锌钢丝扎紧，且不得使用腐朽、劈裂的木板；

b. 金属脚手板，单块重量不应大于 30 kg，性能应符合使用要求，表面应有防滑构造。

(5)脚手架构造要求应符合下列规定：

①单、双排脚手架的立杆纵距及水平杆步距不应大于 2.1 m，立杆横距不应大于 1.6 m。

②沿脚手架外侧应设置剪刀撑，并随脚手架同步搭设和拆除。

【案例】 京石客运专线某特大桥，脚手架剪刀撑、斜撑未随脚手架的升高而同步支撑(图 9-6)，稳定性不足。

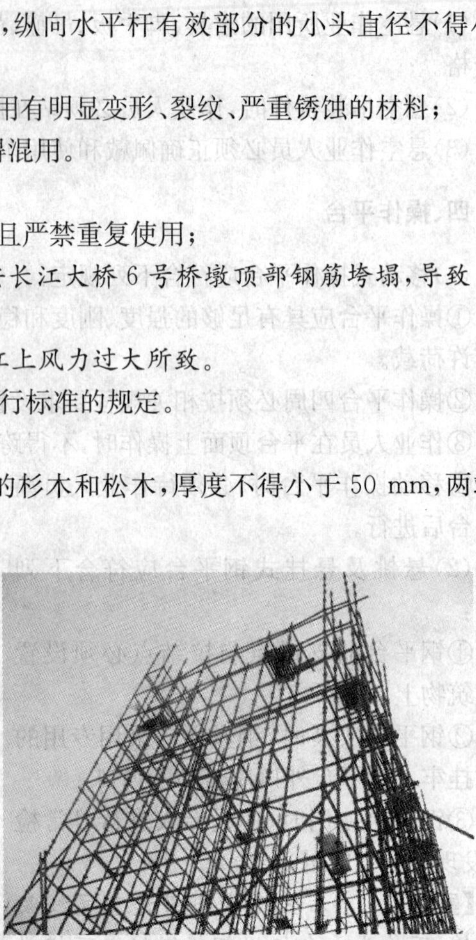

图 9-6　脚手架剪刀撑、斜撑未随其升高而同步支撑

③双排扣件式钢管脚手架高度超过 24 m 时，应设置横向斜撑。

④门式钢管脚手架的顶层门架上部、连墙件设置层、防护棚设置处必须设置水平架。

⑤碗扣式脚手架安装时应将碗扣螺栓旋面与限位销顶紧、连牢，形成框架结构。同层碗扣接头应位于同一水平面内。

⑥脚手板必须按脚手架宽度铺满、铺稳，脚手板与脚手架之间必须绑扎牢固，不得虚搭。脚手板与模板或构筑物的间隙不应大于 20 cm，作业层脚手板的下方必须设置防护层。

⑦作业层外侧，应按规定设置防护栏杆和挡脚板。

【案例】 沪宁城际铁路某特大桥，脚手架顶部作业踏板未满铺、未固定，极易发生高处坠落事故。如图 9-7 所示。

图 9-7 脚手架顶部作业踏板未满铺和固定

第二节 特殊场所作业

一、一般规定

(1)施工单位在建设项目施工前，必须检查确认施工作业过程与环境中存在的对作业人员健康的职业危害因素及其危害程度，制定职业危害防治实施方案和应急预案，健全管理制度和操作规程，对作业人员进行安全技术交底。

(2)特殊场所作业应符合下列规定：

①职业危害因素的强度或浓度等级应符合国家职业卫生标准；

②应具有与职业危害程度相适应的防护设施；

③生产布局应符合有害与无害作业分开的原则；

④应具有配套的更衣间、洗浴间等卫生设施；

⑤设备、工具、用具等设施应符合保护作业人员生理、心理健康的要求。

(3)施工单位必须为作业人员提供符合标准的防护用品。

(4)作业人员肌体处于疲劳、贫血、饥饿和营养不良状态时，应暂时停止接触存在职业危害的作业。

(5)对可能发生急性职业损伤的有毒、有害作业场所，施工单位应设置报警装置，配置现场急救用品、冲洗设备、应急撤离通道和必要的排除险情区域。

(6)施工单位对职业危害防护设备、应急救援设施和职业危害防护用品，应进行经常性的维护、检测、修理，确保其使用状态安全可靠，不得擅自停用或拆除。

(7)施工单位不应将产生职业危害的作业转移给不具备职业危害防护条件的单位和个人，后者也不应接受产生职业危害的作业。

(8)施工单位应定期组织职业健康检查，并不应安排有职业禁忌症的人员从事其禁忌的作业。

二、生产性粉尘场所作业

(1)生产性粉尘作业场所应限制、抑制扬尘和粉尘的产生与扩散。

(2)生产性粉尘作业场所应采用通风除尘设备，改善空气环境，降低粉尘浓度。

(3)施工单位必须定期检测作业场所的粉尘浓度，采取措施，减少作业人员吸入粉尘的机会。

(4)防生产性粉尘综合管理应符合下列规定：

①采用风钻挖掘地面或清扫施工现场时，应先喷雾或洒水。

②拆除建(构)筑物时，应洒水、隔离，并在规定期限内清除所有废弃物。运送散装物料、建筑垃圾和渣土时，应采用密闭覆盖措施，严禁高空抛掷、扬撒。

③清理车辆、设备和物料的尘埃时，不得使用空气压缩机，作业场所内应设置车辆清洗设施以及配套的排水、泥浆沉淀设施，运输车辆应在除泥、冲洗干净后，方可驶出施工现场。

三、生产性毒物场所作业

(1)运输、储存毒物时，必须采取密闭的工艺设备、装置，防止跑、冒、滴、漏。毒物危害比较严重的场所，必须根据国家现行有关标准规定，设置有毒气体浓度报警仪或有毒气体检测仪。

(2)使用有毒物品时，应设置黄色区域警戒线、警示标志和警示说明(包括危害种类、后果、预防及应急救援措施)。高毒作业场所应设置红色区域警戒线、警示标志和警示说明，并设置通信报警设备。

(3)生产性毒物场所应采用自然通风或机械通风装置，降低毒物浓度。

(4)生产性毒物场所作业人员必须正确佩戴和使用防护服装、防毒面罩、呼吸器等防护用品，并不应超时作业。

(5)生产性毒物场所作业人员严禁在作业场所饮食、吸烟，同时应保持个人卫生，班后应淋浴，工作服与便服应隔开存放，并定期清洗。

四、噪声场所作业

(1)噪声作业场所应采取设置消声器、隔声罩、隔振垫等吸声、隔声、隔振、阻尼措施，消除或减少噪声传播。

(2)施工单位应加强对高噪声设备的日常保养和维护，减少噪声污染。

(3)必须定期检查督促噪声场所作业人员正确佩戴和使用耳塞、耳罩、防声帽等听力防护用品，并不应超时、超强作业。

(4)噪声作业场所操作人员接触噪声时间及相应的噪声限值应符合国家现行有关标准的规定。

五、辐射场所作业

(1)紫外线辐射场所作业应符合下列规定：

①必须采取屏蔽或增大与辐射源距离的措施。

②电焊作业人员必须按规定正确佩戴和使用防护面罩、护目镜、口罩、绝缘鞋和防护服等，不应卷袖或穿短袖衣服。非作业人员不应在电焊作业场所逗留观望。

(2)放射线场所作业应符合下列规定：

①必须对放射源进行屏蔽防护。放射工作人员、公众个人接触放射线的时间、距离、剂量限值必须控制在现行国家标准《放射卫生防护基本标准》(GB 4792)规定的范围内。

②采取封闭隔离措施，防止放射源扩散，并清除污染，保持卫生整洁。

六、高温环境作业

(1)高温环境作业应调整作业时间，加强作业场所通风、淋水、降温，露天作业应设置间休凉棚。

(2)高温环境作业应在高温设备上覆盖隔热材料，减少辐射热。

(3)高温环境作业人员应正确佩戴和使用防护鞋、帽、手套和防护服等。

(4)施工单位应为高温环境作业人员提供清凉饮料，配备消暑药品。

(5)高温作业场所综合温度上限值应按相关规定确定。

七、瓦斯环境作业

(1)含瓦斯地段开工前必须对施工作业及管理人员进行安全技术培训。爆破、供电、瓦斯检测等特种作业人员必须持证上岗。

(2)含瓦斯地段应建立专门机构进行通风、防突、防爆及瓦斯检测工作，设置消防设施，配备瓦斯检测报警仪器。

(3)含瓦斯地段使用的机电设备应采用防爆型，必须经外观、防爆性能、操作性能检查合格后方可投入使用。

(4)瓦斯作业区内严禁携带明火进入，并不得存放各种油类。

第三节　季节性施工

一、一般规定

(1)施工单位应根据施工所在地，季节性变化规律，水文地质情况，结合建设项目施工特点，编制季节性施工方案和突发事件应急预案。

(2)施工单位在汛期、台风季节应成立防洪抢险组织机构，建立值班制度，及时掌握气象情况，采取施工防范措施。

(3)施工单位应按照季节性施工方案的要求，配备充足的物资、设备、器材及劳动防护用品等。

(4)施工单位对所有从事季节性施工人员应进行季节性施工安全教育与培训。

二、雨季施工

(1)雨季施工前，施工单位应做好防洪排涝准备，组织防洪物资、设备、防护用品进场。

(2)雨季施工前，施工单位应对施工场地、在建工程、材料堆放场、设备存放场、运输便道等的防洪设施进行检查、加固，疏通排水沟渠。对有可能被洪水淹没的临时房屋、设备、物资应采取搬迁措施。

(3)雨季施工时，作业场所的脚手架、跳板、桥梁、墩台等作业面应采取防滑措施；场内机动车辆行驶时应减速防滑，靠近基坑边缘卸料时应设置止挡。

(4)强风、大雨前后，施工单位应对临时房屋等工程设施进行检查，发现滑坡、塌方、倾斜、变形、漏雨等危险情况时，必须及时组织抢修、防护和加固。

(5)暴雨前后，施工单位必须对钢塔架、大型设备、高大脚手架、支(拱)架等的避雷装置与机电设备进行检查、测试和整修，应使其不受潮、不漏电、接地电阻值符合国家现行《施工现场临时用电安全技术规范》(JGJ 46)的规定。

(6)雷雨天气，严禁从事露天钢结构、钢脚手架、钢支(拱)架、钢模板等的安装、拆除及焊接作业。

(7)雷雨天气，作业人员不应在大树、施工机械下停留，不应靠近电线杆、铁塔、架空线路以及避雷装置接地导线。

三、冬期施工

(1)冬期施工期间，应做好在建工程的防寒工作。

(2)冬期施工前，应对使用的设备、机具、防护设施进行检修、保养与防寒，更换设备防冻剂和冬期用油，消除事故隐患。入冬前必须将停用设备内的存水放净。

(3)冬期施工的一切取暖设施应符合防火和防煤气中毒要求；对采取蓄热法浇注混凝土的现场应有防火措施。

(4)冬期施工应采取防滑、防冻措施。霜雪过后，应及时清扫施工现场道路及作业面上的积雪、浮冰；在高处进行焊接、安装、绑扎施工时，应采取可靠的防滑措施。

(5)冬期施工使用的储气罐、氧气瓶、乙炔瓶、连接胶管发生冻结时，严禁使用明火烘烤或用金属器具敲击气阀。

(6)在江河冰面上通行时，事先应调查冰层厚度及承载能力；冰面承载力不够区域严禁通行。

四、台风预防

(1)台风来临前，应加强预报预警，及时记录掌握气象变化情况，确保防护稳妥、管理有序。

(2)台风来临前，施工使用的机具、材料、设备等应转移至安全场所；水上作业的船舶、浮吊等应回港避风、锚定。

(3)台风到来期间，应停止一切户外施工和室内大型集体活动，切断室外电源。台风过境地区，施工人员必须转移到安全地带，并避开易引发洪水、山体滑坡、泥石流等灾害处所和台风经过的危险区域。

(4)台风前后，应对驻地房屋、工地、料库(场)、在建的高大建筑物、危险设备、搅拌站、脚手架、临时设施、电杆塔架、排水设施等进行检查、加固、疏通或迁移。

(5)台风期间，严禁在河、湖、海的路堤或桥上行走，不得在强风影响区域开车运行。

第四节　高原地区施工

一、一般规定

(1)高原地区施工期间建设各方应设立医疗机构，执行国家卫生防疫、劳动卫生和医疗保障的有关规定，制定切实可行的医疗卫生保障制度，确保高原地区工作人员的劳动能力和身体健康。

(2)施工单位应编制高原地区专项施工方案，并制定相应的应急预案。

(3)施工单位应及时掌握气象情况，科学合理安排施工。

二、临时工程

(1)生活区、料库(场)、设备存放场等的搭设，应选择在地质条件较好的低含冰量冻土分布地段及基岩出露、避风的平缓阳坡处所，且应避开热融可能滑塌的冰锥、冻胀丘、高含冰量的冻土和湖塘等不良地段。

(2)临时工程不应修建在草场、牧场、野生动物栖息地，以及迁徙通道附近、自然保护区核心地区和植被覆盖良好的处所。

(3)平整场地应坚持宁填勿挖的原则，不应随意铲除植被、碾压便道以外的冻土和草地，严禁施工机械驶入非便道的富冰、饱冰冻土地段。

(4)修建临时工程时不得切断、阻拦地表水和地下水径流的排放；临时工程附近不应形成新的积水洼地。

(5)临时房屋应架设在架空通风基础或碎石垫层加通风管基础上。

(6)临时房屋应有防风、保暖、防雷击的功能。

三、高原缺氧防治

(1)对参加高原地区施工的所有人员应进行体检，严禁安排不适应高原环境的人员进场。进入高原前应将身体调整到最佳状态，避免感冒发烧。

(2)患有明显的心、肺、脑、肝、肾等疾病者和严重贫血、高血压和视网膜疾病者以及孕妇等，不宜进入高海拔地区。

(3)初入高原，应遵循海拔由低到高逐步适应的原则，进行一周以上时间的适应性锻炼、观察、调理、治疗，并应多饮水、静养、缓动、慢行，避免吸烟饮酒，严禁暴饮暴食、剧烈运动。

(4)施工单位应完善作业层、项目经理部、地方合作医院等三级医疗卫生机构，配备必要的医疗器械和药品，对工作人员进行工作前、工作中与工作后身体健康检查，及早发现病情，及早治疗。

(5)医疗机构应建立健全工作人员的健康档案，定期检查，保障工作人员的健康，做好高原病防治工作。

(6)高原地区施工必须建立运用供氧系统，施工现场应建立氧疗室，宿舍应设置富氧仓，作业人员应随身携带供氧器，定时吸氧。

(7)高原地区施工应合理安排作业时间，在海拔 4 000 m 以上时，野外作业不宜超过 6 h/d，隧道内作业不宜超过 4 h/d，劳动强度宜在中等以下。

参考文献

[1] 中铁九局集团有限公司.铁路工程基本作业施工安全技术规程(TB 10301—2009)[S].北京:中国铁道出版社,2009.

[2] 中铁二十一局集团有限公司.铁路路基工程施工安全技术规程(TB 10302—2009)[S].北京:中国铁道出版社,2009.

[3] 中铁十局集团有限公司.铁路桥涵工程施工安全技术规程(TB 10303—2009)[S].北京:中国铁道出版社,2009.

[4] 中铁二局集团有限公司.铁路隧道工程施工安全技术规程(TB 10304—2009)[S].北京:中国铁道出版社,2009.

[5] 中铁一局集团有限公司.铁路轨道工程施工安全技术规程(TB 10305—2009)[S].北京:中国铁道出版社,2009.

[6] 中铁电气化局集团有限公司,中铁六局集团有限公司.铁路通信、信号、电力、电力牵引供电工程施工安全技术规程(TB 10306—2009)[S].北京:中国铁道出版社,2009.

[7] 崔玖江.盾构隧道施工风险与规避对策[J].隧道建设,2009,29(4):377～396.

[8] 李向国,黄守刚,张鑫.高速铁路施工新技术[M].北京:机械工业出版社,2010.